都市イノベーション

都市生活学の視点

東京都市大学都市生活学部 ［編］

朝倉書店

東京都市大学都市生活学部
(2019 年 11 月現在)
執筆者一覧 （執筆順）

北見　幸一* マーケティング研究室

橋本　倫明　経営戦略研究室

川口　和英　集客空間研究室

永江　総宜　まちづくり経営研究室

林　和眞　都市イノベーション研究室

坂倉　杏介　コミュニティマネジメント研究室

坂井　文　エリアマネジメント研究室

宇都　正哲* 不動産マネジメント研究室

山根　格　プロジェクトマネジメント研究室

末繁　雄一　都市プランニング研究室

川口　英俊　空間デザイン研究室

中島　伸　都市空間生成研究室

髙栁　英明　インテリアプランニング研究室

西山　敏樹* ユニバーサルデザイン研究室

明石　達生　都市再生研究室

信太　洋行　住宅生産研究室

斉藤　圭　環境プランニング研究室

諫川　輝之　都市安全環境研究室

沖浦　文彦　国際開発プロジェクト研究室

*は編集委員

はじめに

都市をめぐる課題とイノベーション

　今日，都市をめぐる課題は様々なかたちで変化しています。都市は建築空間や道路鉄道，港湾，空港等のインフラストラクチャー，公園・緑や自然的要素など様々な要素からつくられており，「多面的複合体」であるともいえます。

　常に時代に応じて変化をしていきますが，その中心にはいつも人間がいます。すなわち人と都市をとりまく，日々人々の生活や都市をめぐる営み，「都市生活」があり，生産経済活動，憩い，文化的活動などにより「都市」が構築されます。われわれの暮らす都市の「未来の姿」を考えていくにあたって，持続可能で魅力的な都市を構築していくための方策を考えていく必要があります。このためには，今後都市をめぐる様々な動き，すなわち「都市イノベーション」の概念を研究して，都市を考察していくことが望まれます。

　J. A. シュンペータ（1883-1950）はイノベーションを人々の活動が進展するうえでの最重要概念ととらえました。「経済発展とは，第一に内生的，自発的に生まれる経済の循環的変化であり，第二に非連続的な変化である。内生的な変化とは，経済が自分自身のなかから生み出す経済生活の循環の変化のことであって，外部からの衝撃によって動かされた変化ではなく，自分自身に委ねられた経済に起こる変化にしぼられる」としています。

　日々新しく登場する概念や人々の創意工夫，都市的課題から発生する都市経済活動の変化が未来の都市や「都市生活」を構築していく原点であり，エネルギーであるととらえているのです。

新しい都市に関する学問分野「都市生活学」

　一方，ここでいう「都市生活」という言葉から皆さんはどのような内容を想像されるでしょうか？　特に都市のなかで巻き起こるイノベーションは人間の営む「都市生活」のなかから変革が生み出され，未来の都市の構築に大きな影響を及ぼすと考えられます。これまで「都市」といえば工学，「生活」といえば生活科学などを対象とする分野として考えられる傾向がありました。しかし，私たちの学部は東京都市大学が新しい発想で創る「都市」をテーマに総合的に学ぶ社会科学系の学部としてスタートし，「都市生活学」の構築をめざし，現在成長を続け

ている学部です。都市は，工学的見地からとらえようとすると建築や工作物などのハードウェアを中心にした見方になり，生活科学から見た場合には，建築の中や限られた周辺環境の発想にとどまりがちになります。しかし現実の都市には人々が集まって，働き，暮らし，楽しむ場としての重要な機能があり，そこには生活する人間のドラマや，そこで生まれる活動やそれを演出する空間があります。こうした人間社会を対象とする分野は社会科学が得意とする領域ですが，都市と結びつけた考え方は，これまでわが国の大学教育の枠組みからは十分でありませんでした。

このため，私たちはこうした都市の中で営まれるライフスタイルの創造を目標に据え，愉しみの源となる都市の文化，それを生み出す舞台としての街，活動する人たちの居場所としての住まいの分野を対象にした教育研究を行うため，2009年に「都市生活学部」を開設しました。

本学部は 2009 年に新学部としてスタートし，2019 年で 10 周年を迎えました。そのため，この本は「都市生活学」を構築し，発展させていくための記念碑としての意味合いもあります。

今後，国際化へむけた対応のなかで，都市とそこで働き，住まい，楽しむ人々にとって，イノベーションの進展のなかで新しい世代の価値観を構築する必要があります。グローバルスタンダード，金融，消費，成長を中心に組み立てられたモノ中心の社会構造から，より精神的な豊かさ，人と人との新たな繋がり，歴史や文化へのリスペクトに根ざしたコト中心の都市社会の構築へと舵を切らなければならないと考えています。同時に，少子高齢化社会を前提とした，政策転換と社会資本や制度の整備が，待ったなしで求められている状況です。

都市をめぐる状況は非常に速いスピードで変化しています。新しい社会をつくっていくための SOCIETY 5.0，人工知能 AI や BIG DATA を活用した都市の形成，2030 年をターゲットとした国際水準を規定する SDGs，また特に交通の世界ラストワンマイルまで検討する移動体系 MaaS など，都市が対応していく必要のあるイノベーションの世界は次々と新しい展開をみせています。

本書は，都市生活学部の所属教員が各分野の専門家，研究者として注目すべき様々な角度から，「都市イノベーション」をとらえたものです。国内外の都市における「社会課題（Social Issue）」を分析し，解決策を提案し，人々の「価値ある都市生活（Value of Urban Life）」，すなわち質の高い働き方，暮らし方，楽しみ方，賑わい，そして人と人の新しい繋がりを企画し，実現し，運営していく人

材が，世界中で必要とされています。

本書の構成

「社会課題（Social Issue）」と「価値ある都市生活（Value of Urban Life）」を構成する領域は，都市のライフスタイル Lifestyle，都市のマネジメント Management，都市のデザイン Design，都市のしくみ System の4領域です。以下，4領域ごとに都市イノベーション，都市生活学について考えています。

ここでは，その4領域ごとに，都市生活学の教育・研究に携わる研究者がそれぞれ執筆分担し，その内容を分かりやすく解説しています。

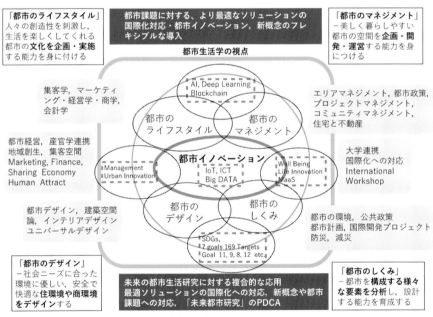

図 0.1　都市生活と都市イノベーションの概念

（1）都市のライフスタイル領域（Lifestyle）

都市のライフスタイル領域は，都市生活をより創造的なものにする文化・芸術・楽しみ，それを世界の人と共有する観光と集客，都市の経済を活性化し商品やサービス，それらを支える経営戦略，マーケティング，物流，金融，集客等を主なテーマとしたシステムの分野です。

1）都市ブランディングとマーケティング［北見幸一］：地方創生とシティプロモーションの観点，都市におけるインターナルマーケティングの重要性，市民を巻き込む SUUP（Share, Understand, Personalize, Practice）モデル等を検討。

2）シェアリング・エコノミーと都市生活［橋本倫明］：急速に拡大するシェアリング・エコノミーの特徴や新しさはどこにあるのか。所有権理論に基づいて明らかにする。また，この考え方が優れた選択肢であるか等について検討。

3）都市と集客空間［川口和英］：人が都市に集まるということ，都市の魅力構築，にぎわい創出，集客によるビジネスチャンス，人が集まる類型，集客施設の入場者数予測手法，重力モデル，ハフモデル，エントロピー最大化モデル等。

4）都市と資金の動き［永江総宜］：都市を創り出し，活動，運営するための資金の考え方，都市における事業と事業主体の関係，資金の調達基本的な考え方，自己資金と資本コスト，借入と利息の概念，事業評価等に関する解説。

（2）都市のマネジメント領域（Management）

都市のマネジメント領域を構成する要素は，都市の将来像を中長期にわたって描くマスタープラン，都市開発を支える不動産マネジメントとプロジェクトマネジメント，都市生活の人と組織の関係を創造するソーシャル・コミュニティマネジメント，都市の経営運営を担うタウンマネジメント・エリアマネジメント，施設経営運営を担うプロパティマネジメントとオペレーションとなります。

5）都市発展の原動力―イノベーションが生まれる場とシステム［林　和眞］：都市をめぐるイノベーションの考え方，都市・地域発展の原動力としてのイノベーションの場とネットワーク，空間モデルの考え方等。イノベーションとは何か，持続的なイノベーション都市空間の形成。

6）ローカルなコミュニティプロジェクトが社会を変える［坂倉杏介］：コミュニティ形成による穏やかな革命，コミュニティマネジメントを用いた共同管理，リソース，ステークホルダー。参加型街づくりと社会関係資本，社会構造の静かな転換。

7）エリアマネジメントによる都市の公共空間マネジメント［坂井　文］：公民連携によるまちづくり手法としてのエリアマネジメント。海外 BID 事業による都市改編。札幌を例としたエリアマネジメントによる豊かな公共空間形成方策等。

8）不動産マネジメントとイノベーション［宇都正哲］：少子高齢化社会に必要なイノベーション。REIT（Real Estate Investment Trust）等を用いた不動産資金調達。住宅，オフィス市場，商業物流施設，ホテル等，不動産市場影響等。

9）豊かな都市生活を創造する―建築・都市開発イノベーション［山根　格］：

ICT 新時代，技術革新による都市の動き。社会的・経済的価値の両立，持続的発展と建築・都市開発，都市生活のコンパクト化，次世代の複合開発，公共空間創造等。

（3）都市のデザイン領域（Design）

都市のデザイン領域は，都市の美しい景観や豊かな都市空間の創造を担う都市デザイン，都市の活動の拠点となる建築・空間，人々の生活の基本である居住を支えるハウジングと居住環境のコミュニティデザイン，CAD, CG, プログラミング，BIM 等のデザインや企画・設計等を支える分野です。

10）街の魅力を高める都市プランニング［末繁雄一］：人口減少時代の都市プランニング，市民による地区の将来像，まちづくり教育としての地区の将来像，アクティヴスケープとしての都市プランニング，持続可能な都市づくり等。

11）都市と成長する空間デザイン［川口英俊］：都市が持つ不思議な力，デザインの創案。クロスオーバーする島 NY マンハッタン，摩天楼都市，人種のるつぼ，都市文化の担い手，実験舞台としての象徴的都市潮流，都市空間と幾何学等。

12）アーバンキャンプによるアーバニズム［中島　伸］：都市デザインの考え方としてのアーバンキャンプの導入。都市に生きる能動性の開放，アーバンキャンプ参加者のアクティビティ，コミュニティ，波及的価値他。

13）インテリアデザイン 3.0 へ［髙柳英明］：秘密基地としての研究室の実現。知のプラットフォームとしての研究室開放によるインテリアデザイン 3.0 の構築。新しいインテリア，人間空間学のインタラクションからのデザイン創発。

（4）都市のしくみ領域（System）

都市のしくみ領域は，都市の様々なアクティビティを支える社会制度とインフラ，豊かな都市生活を共有するための環境，様々な都市の活動を有効に機能させるために不可欠の公共政策，高齢化社会に向けた社会福祉のシステムとデザイン，しくみについて考える分野です。

14）都市とユニバーサルデザイン［西山敏樹］：誰もが快適，安全に過ごせる都市・地域の必要性。ユニバーサルデザイン×エコデザインによる都市イノベーション対応，都市交通環境ユニバーサルデザイン，パーソナルモビリティ実現等。

15）都市生成の公共政策［明石達生］：時代の進展によって姿を変える公共政策，巨大都市東京のアップデータ方策，都市構造の再編，通過交通の減少方策，土地の高度利用，インセンティブによる民間事業者の公共貢献を促す仕組み等。

16）ストック型社会における住宅生産［信太洋行］：都市と住宅生産，動産化

インフィルの方策と要素技術。3次元レーザースキャナによる建物計測，将来の診断応用，伝統的建築物群保存地区町家への応用，位置情報ゲームアプリ開発等。

17）暑い街なかを快適にめぐる―涼しい都市環境デザインのスタディ［斉藤圭］：都市生活における住環境，地域環境に配慮したまちづくり，都市環境改善を通じた地域価値向上スタディ。世界文化遺産都市の熱環境改善方策，地域緑化等。

18）災害時の人間行動と安全・安心な都市づくり［諫川輝之］：防災・減災の考え方，人間行動からみたハード防災，ソフト防災。事前意識と実際の行動，災害時の人間行動，立ち寄り行動，安全・安心な都市づくりにむけた考え方。

19）都市と国際開発プロジェクト［沖浦文彦］：国際開発プロジェクトにおけるイノベーション，ODAによる発展途上国の上水道整備システム，プロジェクト＆プログラムマネジメント理論，価値実現モデル，国際開発フレームワーク等。

いずれの領域，分野も，都市に関する様々な課題に対する，より優れたソリューションをめざして，国際化への対応，未来の都市に対する複合的な応用を図ろうとする「都市イノベーション」に関する考えを示すものです。都市において考えるべき新概念や都市的課題へのフレキシブルな対応など都市生活の新しい視点からみた「未来都市研究」の姿を，これからも考えていきます。これらは，時代の変化とともに，その価値を常に創造していく必要があります。こうした内容を学習し，研究できる人材を育てるのが都市生活学部の役割です。

本書が，そのような人材を育成するための，一助となり，また多くの方々に手にとっていただければ幸いです。

2019年10月

東京都市大学都市生活学部　学部長・教授　　川口和英

目　　次

第1部　都市のライフスタイル

第1章　都市ブランディングとマーケティング ……………〔北見幸一〕…… *1*

第2章　シェアリング・エコノミーと都市生活 …………〔橋本倫明〕…… *9*

第3章　都市と集客空間 ……………………………………〔川口和英〕…… *17*

第4章　都市と資金の働き …………………………………〔永江総宜〕…… *29*

第2部　都市のマネジメント

第5章　都市発展の原動力—イノベーションが生まれる場とシステム

　　　　……………………………………………………〔林　和眞〕…… *38*

第6章　ローカルなコミュニティプロジェクトが社会を変える

　　　　………………………………………………………〔坂倉杏介〕…… *46*

第7章　エリアマネジメントによる都市の公共空間マネジメント

　　　　………………………………………………………〔坂井　文〕…… *56*

第8章　不動産マネジメントとイノベーション …………〔宇都正哲〕…… *65*

第9章　豊かな都市生活を創造する—建築・都市開発イノベーション

　　　　………………………………………………………〔山根　格〕…… *80*

第3部　都市のデザイン

第10章　街の魅力を高める都市プランニング ……………〔末繁雄一〕…… *92*

第11章　都市と成長する空間デザイン ……………………〔川口英俊〕… *101*

第12章　アーバンキャンプによるアーバニズム …………〔中島　伸〕… *113*

第13章　インテリアデザイン3.0へ ………………………〔髙柳英明〕… *123*

第4部　都市のしくみ

第14章　都市とユニバーサルデザイン ……………………〔西山敏樹〕… *134*

第15章　都市再生の公共政策 ………………………………〔明石達生〕… *144*

第16章　ストック型社会における住宅生産 ………………〔信太洋行〕… *153*

viii　　　　　　　　　　　　　目　　次

第 17 章　暑い街なかを快適に巡る―涼しい都市環境デザインのスタディ
　　　　　………………………………………………〔斉藤　圭〕…*165*
第 18 章　災害時の人間行動と安全・安心な都市づくり…〔諫川輝之〕…*177*
第 19 章　都市と国際開発プロジェクト ………………〔沖浦文彦〕…*187*

索　　引 ………………………………………………………………*197*

第1部　都市のライフスタイル

第1章　都市ブランディングとマーケティング

〔北見幸一〕

1.1　地方創生とシティプロモーション

　2014年に，増田寛也・元総務大臣が座長を務める日本創成会議の人口減少問題検討分化会が提出したレポートで，「消滅可能性都市」について触れられて以降，地方創生の流れが加速している。2014年11月には，「少子高齢化の進展に的確に対応し，人口の減少に歯止めをかけるとともに，（中略）それぞれの地域で住みよい環境を確保」することを目的とする「まち・ひと・しごと創生法」が公布されている。各自治体は，政府からの莫大な交付金もあり，地方創生総合戦略を策定し，定住人口をどのように増やすか，増やさないまでも人口減少をどのように食い止めるのかを真剣に考えざるをえない状況となった。

　各地方自治体とも，地方創生を実現するための手っ取り早い，わかりやすい手段として，さまざまなシティプロモーションや都市ブランディング活動を盛んに行っている。まずは，自分たちの都市を認知してもらい，都市を知って訪問してもらいたい，そして都市のファンになってもらい，都市に移住してもらいたい，定住は無理でも，地域の特産品を買ってもらいたいなどのさまざまな思いがあるのだろう。

　たとえば，各自治体ともに，趣向を凝らした地方PR動画を作成しているが，本当にそれが目的にかなうことなのであろうか。PR動画で認知度を上げるためには，それなりに際どいクリエイティブにならざるをえない。PR動画がネットで炎上し，かえって評判を下げるケースも存在する。また，どんなに印象良く，いいことばかり宣伝したとしても，現実とのギャップが相当にあり，予想に反して評判を下げてしまうこともあるだろう。

　ただ単純にプロモーションを行っただけでは，目的を達成することはできない。マーケティングの理論に照らしても，プロモーションだけではコトを成しえないのは自明の理である。プロダクトの質を高めることも非常に重要なことであろう。都市というプロダクトの質を高めることが，地方創生にとってはきわめて大事になる。都市はさまざまな要素が複雑に絡み合って構成されるのであるが，重要な

ことは，都市は「人」と「人」の集まりということである。つまり，都市にいる生活者がプロダクトの核なのだ。

1.2 都市におけるインターナル・マーケティングの重要性

　地方創生を実現するために，各自治体ではさまざまなシティプロモーションや都市ブランディング活動が行われている。このような流れは都市のマーケティング活動と見なすこともできよう。地方創生がマーケティング目標だとすれば，サービス業におけるインターナル・マーケティングの考え方を援用することができる。インターナル・マーケティングとは「組織を構成する全員が，自分たちのマーケティング・コンセプトとマーケティング目標を信じて，顧客価値の選択，提供，伝達に対して，積極的に関与するように仕向けること」ということである。つまり，組織の構成員が事業活動に積極的に参画するように仕向けるための，組織の構成員対象のマーケティングということになる。

　とくにサービス業には，無形性，品質の変動性，不可分性，消滅性，需要の変動性という5つの特徴があり，貯蔵が難しく，品質を標準化することにも困難が伴うため，サービスの品質を管理することは重要な課題である。だからこそ，サービス業においては顧客との接点をもつ従業員がきわめて重要な役割にある。顧客に対して高い顧客満足（CS）を与えるためには，従業員満足（ES）が高い状態でなければならない。高い ES が高い CS を提供し，そのおかげで企業には利益（profit）がもたらされる。サービスを提供する企業は従業員に対してインターナル・マーケティングをしっかりと行い，ES を高めることによって，CS を高めるように従業員を動機づけなければならないのである。

　同様に，主体を都市と考えれば，都市を主導していくのは自治体ということになり，都市のマーケティングを考えるうえで，従業員の部分は「都市生活者（市民）」，顧客の部分は「域外消費者」とすることができる（図1.1）。たとえば，域外消費者を呼び込んで都市に移住してもらう，あるいは，域外消費者に都市に観光に来てもらうということがマーケティング目標であるとすれば，域外消費者と直接的な接点を持っている都市生活者（市民）の満足度が高くなければ，その都市に住んだり，行こうとは思わないであろう。エクスターナル・マーケティングの一環として，どんなにきれいに飾られた地方 PR 動画を流したとしても，都市生活者が都市生活に満足しておらず，不満ばかり漏らしていては，誰も行こうとは思わないのである。ましてや移住となったら，最も重視するのは都市生活者

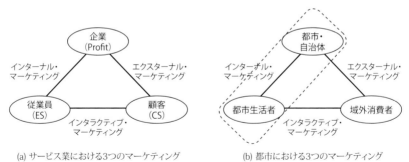

図 1.1 サービス業と都市のインターナル・マーケティング（Kotler *et al.*, 2013 を参考に筆者加筆作成）

（市民）の声なのである。その意味で，都市生活者（市民）のあり方が，シティプロモーションや都市ブランディングを進めていくうえでは非常に重要になる。

河井（2016）によれば，「シティプロモーションは地域（まち）を真剣（まじ）にする人を増やすとりくみである」と述べている。地域を真剣にする人を増やすとは，「地域（まち）には人がいなければならない。しかし，それは数として定住人口があればいいということではない。地域（まち）を推奨し，地域（まち）に参画し，地域（まち）の支え手に感謝する人がいなければならない。地域（まち）を真剣（まじ）にする人を増やすとは，そうした人を増やすことだ。」（河井，2016）と論じている。河井が提案する地域参画の考え方も，都市におけるインターナル・マーケティングの考え方に近いものである。河井（2016）では，満足にとどまらず，地域に参画し，感謝し，推奨するところまでを求めている。

1.3 自治体による都市ブランディングの現状

自治体ではどのような都市ブランディングと広報・PR 活動を行っているか把握するため，筆者はアンケート調査[*1]を行った。全国の自治体（市レベル）および東京都特別行政区の広報責任者を対象に郵送法で調査を実施し，393 の自治体から回答を得た（表 1.1）。

[*1] 調査実施期間は 2018 年 3 月 1 日から 4 月 8 日。調査方法は郵送法。調査対象は，全国の自治体（市レベル）および東京都特別行政区広報責任者(812 件)。有効回収数は，計 393 サンプル。有効回収率 48.4%であった。調査主体は東京都市大学都市生活学部北見幸一研究室。

表 1.1　自治体による都市ブランディング自己評価

項　目	$n = 387$
上手くいっていない	6.9%
どちらかといえば，上手くいっていない	10.7%
どちらともいえない	60.3%
どちらかといえば，上手くいっている	19.1%
上手くいっている	1.5%

1.3.1　都市ブランディングの自己評価

まずは，都市ブランディングに向けた自治体の取り組みについて「あなたの都市における都市ブランディングについて，どのように評価しますか。」などの質問を設け，「上手くいっている」から「上手くいっていない」の5件法で自己評価をしてもらった。その結果，「上手くいっていない」TOP 2 は合計で 17.6%（69件），「上手くいっている」TOP 2 は合計で 20.6%（81 件）という結果であった。自己評価では，都市ブランディングが上手くいっていると評価する自治体のほうが上回った。

1.3.2　都市ブランドを形成する際の重視項目

次に，自治体に「都市ブランドを形成する際に，重視していること」を 29 の選択肢から複数選択可で回答してもらった。選択肢は「外部の人に都市の名前を知ってもらうこと」「外部の人に都市へ観光に来てもらうこと」といった都市外部の人との関わりの項目，「市民が都市に関心を持つこと」「市民が都市に誇りを持てること」といった市民についての項目，「キャラクター（ゆるキャラなど）を作ること」「ブランディングに関する Web サイトを作ること」といった施策についての項目など，合計で 29 項目である。「上手くいっていない」TOP 2（$n = 69$）を「評価低」，「上手くいっている」TOP 2（$n = 81$）を「評価高」として，それぞれを抽出して両方の割合を比較した。「評価高」の方を基準に上位 10 項目を並べたものが表 1.2 である。

「評価高」の自治体が重視している項目で一番多かったのは「市民が都市に誇りを持てること」（87.7%），次に「外部の人に都市について関心を持ってもらうこと」（81.5%），そして，「市民が都市に関心を持つこと」（70.4%），の順であった。

そして，「評価高」のスコアから「評価低」のスコアを引いてギャップをとってみると，「都市の歴史や伝統を受け継ぐこと」が 18.1 ポイント，「メディアで

表 1.2 都市ブランドを形成する際の重視点（上位 10 項目）

項　目	①評価高 (N=81)	②評価低 (N=69)	ギャップ (①-②)
市民が都市に誇りを持てること	87.7%	73.9%	13.7
外部の人に都市について関心を持ってもらうこと	81.5%	75.4%	6.1
市民が都市に関心を持つこと	70.4%	60.9%	9.5
外部の人に都市へ観光に来てもらうこと	66.7%	58.0%	8.7
外部の人に都市の名前を知ってもらうこと	63.0%	58.0%	5.0
外部の人に都市へ移住してもらうこと	61.7%	58.0%	3.8
都市の歴史や伝統を受け継ぐこと	54.3%	36.2%	18.1
市民がブランディング活動に積極的に参画すること	51.9%	39.1%	12.7
メディアで都市が取り上げられること	48.1%	33.3%	14.8
外部の人と市民が交流すること	43.2%	34.8%	8.4

都市が取り上げられること」が 14.8 ポイント，「市民が都市に誇りを持てること」が 13.7 ポイント，「市民がブランディング活動に積極的に参画すること」が 12.7 ポイントと，10 ポイント以上のギャップがある項目が浮かびあがってきた。

　これらの項目は，市民（都市生活者）との関わりを持った項目である。「都市の歴史や伝統を受け継ぐこと」も，歴史や伝統を受け継ぐのはその都市にいる市民であり，市民でなければ受け継いだとはいえないであろう。また，「市民が都市に誇りを持てること」「市民がブランディング活動に積極的に参画すること」は市民との関わりそのものである。市民への働きかけ方や巻き込み方が上手くいっている自治体が，都市ブランディングが成功していると自己評価していることがわかる。

1.4　市民を活用した広報活動が都市ブランディングに影響を与える

　最後に，自治体は，都市ブランディングに向けてどのような広報活動を行う予定なのかを尋ねた。15 の選択肢[*2] の中から複数可で回答してもらった。「評価高」と「評価低」の項目を比較し，「評価高」の上位 10 項目を基準にして並べた結果が表 1.3 である。

　「HP 上で広報する」「SNS を活用して広報する」「域内住民を活用して広報する」が 90.1% と同率でトップであった。次いで，「広報紙を活用して広報する」

[*2]　「HP 上で広報する」「SNS を活用して広報する」「TV などマスメディアを活用して広報する」など，広報施策に関する項目である。

表 1.3 都市ブランド形成に向けた広報活動（上位 10 項目）

項　目	①評価高 ($N = 81$)	②評価低 ($N = 69$)	ギャップ （①－②）
HP 上で広報する	90.1%	91.3%	−1.2
SNS を活用して広報する	90.1%	84.1%	6.0
域内住民を活用して広報する	90.1%	37.7%	52.4
広報紙を活用して広報する	80.2%	79.7%	0.5
TV などマスメディアを活用して広報する	67.9%	50.7%	17.2
動画を作成し広報する	65.4%	47.8%	17.6
ブランドメッセージを作成し広報する	28.4%	20.3%	8.1
広告代理店など外部機関を活用して広報する	25.9%	10.1%	15.8
域内企業を活用して広報する	25.9%	18.8%	7.1
キャラクターを作成し広報する	24.7%	13.0%	11.6

が 80.2%，そして，「TV などマスメディアを活用して広報する」が 67.9% と続く。

「評価高」のスコアから「評価低」のスコアを引いてギャップをとってみると，最も大きなギャップは「域内住民を活用して広報する」の 52.4 ポイントである。つまり，都市ブランディングが上手くいっている自治体は，域内住民（市民）を活用して広報活動ができているのであり，都市ブランディングの上手くいっていない自治体は，域内住民（市民）を活用できていないのである。都市ブランディングの成功のカギを握るのは，市民の活用，市民の巻き込み方なのである。

1.5　都市ブランディングに向けて

1.5.1　都市ブランドと広報 PR 活動

都市ブランディングを考えるうえで重要なのは，その都市の外側にいる人間がその都市に対して抱くイメージのようなものではなく，本当にその都市の生活に満足し，本当にその都市を愛し，本当にその都市をもっと豊かにしたいと願う市民の存在である。まさにインターナル・マーケティングがきわめて重要になる。都市ブランディングは，自治体の職員が勝手に行うものではなく，その都市に住む都市生活者（市民）自身が中心となって行わなければできないであろう。その意味でも，市民にどのように関わりを持たせるか，どのように市民を巻き込むかが重要である。

広報 PR 活動というと，とかく宣伝のように組織の外部への情報発信と思われるが，組織の内部（インターナル）に向けたコミュニケーション，すなわちインターナル・コミュニケーションという領域も広報 PR 活動なのである。広報 PR

のPRは,そもそもPublic Relationsの頭文字の略称だ。つまり,パブリック（公衆）との関係づくりなのである。ステークホルダー（利害関係者）との関係づくりといってもよいだろう。広報PRの定義は,「パブリックリレーションズは,組織と,その組織が成功するか失敗するかのカギを握る公衆との間に相互に効用をもたらす関係を創出し,維持していく経営機能である。」(Cutlip *et al*., 2005) とされている。公衆は,組織外部だけではなく組織を取り巻くステークホルダーの総体なのである。これまで見てきた調査からも,都市（自治体）にとって,都市ブランディングに向けては,都市生活者（市民）が最も重要なステークホルダーなのであり,都市（自治体）と都市生活者（市民）との関係づくりが大事になってくる。

1.5.2 市民を巻き込むSUPPモデル

では,どのようにすれば市民を巻き込むことができるであろうか。インターナル・コミュニケーションの分野で提唱されている理念・ビジョンの浸透のプロセスであるSUPPモデルを紹介しよう（図1.2参照）。

SUPPは,① Share（共有）,② Understand（理解）,③ Personalize（自分ごと化）,④ Practice（実践）の頭文字をとったものである。

都市の目指す方向のブランディングを考えるにあたって,まずは① Share（共有）のステップである。こんな都市像を目指していきたいという理念やビジョンが伝えられて共有される段階である。広報紙やセミナーなどで首長からのメッセージが届けられる段階である。

次に,② Understand（理解）のステップである。理念やビジョンをただ聞い

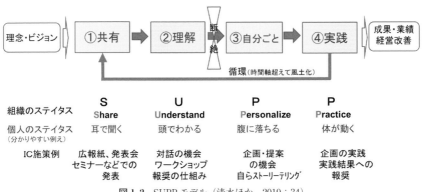

図1.2 SUPPモデル（清水ほか,2019：34）

ているだけではなく，理解している状態になるまでが求められる。対話やワークショップなどを通じて，目指すべき都市像の理念やビジョンが「頭でわかる」段階である。

そして，③ Personalize（自分ごと化）のステップである。②「頭でわかった」を超えて，理念やビジョンに共感を抱き，自らがアンバサダーとなって，他の市民を巻き込んで，自分の実体験を交えながらストーリーテリングしていく段階である。市民が主体的にまちづくりに参画し始めるようになる。頭でわかるから「腹落ち」した段階である。その③自分ごと化のステップまでに至らず，②理解して満足してしまうケースも多い。市民にどれだけ自分ごと化してもらえるか，②と③の間には大きな溝があり，断絶しているので注意が必要である。

最後は④ Practice（実践）のステップである。腹落ちした理念・ビジョンを鼓動を通じて実践していく段階である。まさに「体が動く」ステップ。自分ごと化した理念・ビジョンをもとにまちづくりに関わってもらい，実際に理念・ビジョンに沿った活動や取組みをしてみるのである。

このような4つのプロセスを通じて，市民を少しずつ巻き込んでいく。そして都市において，理念・ビジョンを実践した事例や経験が，また別の市民に共有されて，語り継がれていくことで，点が面の取組みになって正のスパイラルを伴って循環していくのである。何巡も循環していき時間をかけていくことで，それが都市の風土となり，その都市の「らしさ」につながっていき，都市ブランドになっていくのだ。

本稿は，北見幸一（2018）「都市生活の満足度と都市の表象要素」，日本マーケティング学会『日本マーケティング学会カンファレンスプロシーディングス』Vol.7，pp.372-383 をベースに，大幅に加筆修正を行っている。

参 考 文 献

[1] Cutlip, S. M., Center, A. H., Broom. G. M. (2005)：*Effective Public Relations,* 9th ed., Prentice Hall.
[2] 河井孝仁（2016）：シティプロモーションでまちを変える，彩流社.
[3] Kotler, P., Bowen, J., Makens, J. (2013)：*Marketing for Hospitality and Tourism,* 6th ed., Peason Education.
[4] 清水正道編著，柴山慎一，北見幸一ほか（2019）：インターナル・コミュニケーション経営，経団連出版.

第2章　シェアリング・エコノミーと都市生活

〔橋本倫明〕

　近年，日本でもシェアリング・エコノミー（sharing economy）という言葉が広く知られるようになってきた。その市場規模も急速に拡大することが予測されており，日本政府も積極的にシェアリング・エコノミーを普及させるべく動き出している。

　いま世間の注目を集めているシェアリング・エコノミーであるが，われわれの社会は従来から何かを「シェア」してきたため，「シェア」自体はそれほど新しい概念ではない。では，急速に拡大するシェアリング・エコノミーの特徴や新しさはどこにあるのか。本章ではこれを批判的に検討することで，①実は「シェア」しないことがシェアリング・エコノミーの新しさであることを，所有権理論に基づいて明らかにする。また，②シェアリング・エコノミーはわれわれの活動の選択肢を広げてくれるが，決して最も優れた選択肢とは限らないことを明らかにする。

2.1　シェアリング・エコノミーとは

　シェアリング・エコノミー（共有経済）の概念は，Uber や Airbnb といった代表的な企業の発展とともに世界的に普及しており，日本でも政府がその研究・調査や促進活動を始め，一般にも耳にする機会も多くなってきた。

　シェアリング・エコノミーは明確に定義されていないといわれるが，たとえば内閣官房シェアリングエコノミー促進室は，それを「個人等が保有する活用可能な資産等（スキルや時間等の無形のものを含む。）を，インターネット上のマッチングプラットフォームを介して他の個人等も利用可能とする経済活性化活動」（政府 CIO ポータル）と定義している。また，総務省の「平成 27 年度情報通信白書」では，「典型的には個人が保有する遊休資産（スキルのような無形のものも含む）の貸出しを仲介するサービス」と述べられている。

　これらの定義からわかるように，有形・無形の遊休資産を所有する人が主にインターネットやアプリを用いてその資産を利用者に提供することで，資産を「シェア」するサービスやそれに関わる経済活動を総称して，シェアリング・エコノミー

という用語が使われている。

シェアリング・エコノミーにおける典型的なサービスは，シェアする対象に基づいて表2.1のように分類されている。第1に，空間をシェアするサービスである。Airbnbのように，空き部屋を持つ所有者とその部屋に宿泊したい利用者をマッチングして空き部屋をシェアする民泊サービスがその代表例である。第2に，移動手段をシェアするサービスである。Uberのように，自動車の所有者と，自動車を持たないが移動ニーズのある利用者をマッチングして自動車による移動をシェアするライドシェアサービスがその代表例である。

第3に，モノ自体をシェアするサービスである。Mercariのように，不要になったモノの所有者と，そのモノを欲しがっている利用者をマッチングして不要になったモノをシェアするサービスがその代表例である。第4は，スキルをシェアするサービスである。Crowd Worksのように，スキルを持つ人と，そのスキルを活用したい利用者をマッチングして空き時間やスキルをシェアするクラウドソーシングサービスがその代表例である。第5は，お金をシェアするサービスである。Makuakeのように，お金を保有する人と，あるプロジェクトのためにお金を必要としている人をマッチングしてお金をシェアするクラウドファンディングサービスがその代表例である。

こうしたシェアリング・エコノミーは，モノを「所有」することから「利用」することへの価値観の変化を背景に世界的に広がりを見せている。その市場規模は2013年時点でおよそ150億ドルに上り，さらに2025年には3,350億ドルまで急拡大すると予測されている（PwC）。

表2.1　シェアリング・エコノミーの5類型

シェアの対象	概要	サービス例
空間	空き家や別荘，駐車場等の空間をシェアする。	Airbnb
移動	自家用車の相乗りや貸自転車サービス等，移動手段をシェアする。	Uber
モノ	不要品や今は使っていないものをシェアする。	Mercari
スキル	空いている時間やタスクをシェアし，解決できるスキルを持つ人が解決する。	Crowd Works
お金	サービス参加者が他の人々や組織，あるプロジェクトに金銭を貸し出す。	Makuake

（総務省「ICTによるイノベーションと新たなエコノミー形成に関する調査研究（平成30年）」より抜粋，一部修正）

一方，日本ではシェアすることへの抵抗が比較的強く，諸外国と比べて普及が遅れているといわれている。たとえば，総務省（2015）の調査結果によれば，旅行先で個人宅の空き部屋などに宿泊できる民泊サービスについて，「利用したい」と回答した人はわずか 5.8% であり，「利用したくない」と回答した人は 44.0% であった。また，一般ドライバーの自家用車に乗って目的地まで移動できるライドシェアサービスについても，「利用したい」と回答した人はわずか 4.1% であったのに対し，「利用したくない」と回答した人は 44.1% に上った。利用したくないと回答した主な理由は「事故やトラブル時の対応に不安がある」ことであり，日本ではこの信頼や信用に関わる問題が特に大きいことがわかる。

このような現状において，政府は 2016（平成 28）年にシェアリングエコノミー促進室を設置するなど，世界的なシェアリング・エコノミーの拡大とともに日本での普及を進めている。空き部屋のシェアや家事・育児代行など多様化するサービスが超少子高齢化社会を迎える日本の課題の解決に資する，とみているようである（政府 CIO ポータル）。

2.2 問 題 提 起

以上のように，シェアリング・エコノミーは，日本を含め世界的に急速に普及しているが，「シェア」をキーとする多様なサービスは革新的なものなのだろうか。

実は，人間社会において何かを「シェア」することはかつて非常に一般的なことであった。たとえば，中（2018）は中世ヨーロッパの封建社会において，乏しい資源を最大限活用するために，わずかな土地しか持たない人々が自らの土地を開放耕作地や共同牧草地という共有地にまとめ農作業を行っていたことは空間のシェアであり，また白川郷において，厳しい自然条件に対応するために「結」を構成して集落の人々が互いに労働を提供し合って茅葺き屋根の葺替えや稲の刈取りなどを行ってきたことは労働のシェアである，と指摘している。

このように，何かを「シェア」する社会自体は決して新しいものではない。時に新たな経済の仕組みとして注目を集めているシェアリング・エコノミーだが，どこまで古くどこまで新しいのか，これを明らかにすることが本章の目的である。そして，これを明らかにすることで，シェアリング・エコノミーが人々の都市生活に及ぼす影響についても考察してみたい。

2.3 所有権理論

ここでは，本章の目的を達成するための理論的基礎として，組織の経済学分野の中心的理論の1つである所有権理論を用いる。菊澤（2016）に基づき，必要な範囲で簡単にその内容を説明する。

所有権理論では，商品やサービスの交換取引が行われるとき，実際にやりとりされているのは商品自体ではなく，商品に関する所有権であることに着目する。商品に関する所有権とは，その商品を自由に利用する権利，その商品の利用から発生する利益を得る権利，他人にこれらの権利を売る権利である。

たとえば，マンションの1室を購入した場合，購入者が取得したのは物質としてのマンション自体ではなく，マンションのその1室に関する所有権である。そのため，購入者はその部屋を自ら住居として利用することもできるし，誰かにその部屋を貸して賃貸収入を得ることもできるし，誰かにその部屋（に関わる権利）を売却することもできる。

さらに，所有権には，分割されたり統合されたりするという特徴がある。たとえば，所有するマンションの1室に間仕切りを設けて2世帯で使用することもできるように，空間的にその部屋で暮らす権利を分割することができる。また，マンションの部屋を海外勤務の間の2年間だけ他人に貸すこともできるように，時間的にその部屋で暮らす権利を分割することもできる。

こうした所有権は，単独の個人が持っている場合もあれば，複数の人間が共同で持っている場合もある。前者の場合，マンションの1室に関わる所有権を購入者のみが持つため，その購入者が自分の満足する形でマンションを利用することができ，もしその部屋があまり満足のいく形で使用できなくなればその部屋を誰かに売却することもできる。このとき，マンションの1室は当初の購入者か，あるいは売却後の新たな購入者によって資源として十分に活用される。

それに対して，複数の人間が共同で所有権を持つ場合には，その資源がうまく活用されない恐れがある。仮に，マンションの1室がそのマンションに住む人であれば誰でも自由に利用できるとしよう。すると，ある人は子どもの遊び場として利用して壁や家具を汚したり傷つけたりするかもしれないし，ある人は喫煙ルームとして大量のたばこを吸うかもしれない。しかも彼らは，そこが自分の所有する部屋ではないという理由で，普段以上に気にせず子どもを遊ばせたりたばこを吸ったりするかもしれない。また，毎日自分が使う部屋ではないため，部屋

の中やトイレを積極的に掃除する人もなかなかいないだろう。その結果，自由に出入り可能なその1室は汚くボロボロの部屋になり，いずれどの住民も使用できない部屋になってしまう恐れがある。

このような現象は，共有地の悲劇と呼ばれる。たとえば，ある海域で漁獲量の制限をなくすと激しい漁獲競争が起こり，あっという間にその海域の魚がいなくなってしまうことや，もしその毛皮に非常に価値のある動物の捕獲が全く自由に行えるならば，乱獲が起こりやがてその動物は絶滅してしまうということがこれに当たる。つまり，ある資源の所有権が多くの人に共有されることによって早い者勝ちの状況が生まれ，過剰利用や過剰消費が起こるという問題である。

より厳密にいえば，上述のマンションの例では，過剰利用のみならず過少投資の問題も起きている。個人が所有する部屋であれば定期的に掃除をするが，住民の共有する部屋の掃除は誰もが行わない，という時間や手間の過少投資である。

このように，複数の人間が共同で所有権を持つ場合には，その資源がうまく活用されない恐れがあるため，何らかの制度による対策が必要になる。たとえば，共有部屋の使用権を時間的に分割して時間貸しにすることである。利用者はその利用時間に応じて使用料を払う仕組みにすることで，その利用時間に部屋を利用する権利を利用者が購入し，その利用者のみがその権利を持つことになる。肝要なのは，所有権が個人に明確に帰属するように，所有権を設定し直すことである。

2.4　シェアリング・エコノミーの本質は「シェア」しないことにある

以上のような所有権理論に基づいて，シェアリング・エコノミーの「新しさ」を批判的に検討する。

かつての社会においても何かを「シェア」することが一般的であったことは上述の通りだが，さらに中（2018）によれば，従来型の「シェア」とシェアリング・エコノミーにおける現代の「シェア」の違いは次の2点である。

①従来型の「シェア」は土地や労働の供給力不足をカバーするためのものであったのに対して，現代の「シェア」は遊休資産を有効活用するためのものである。

②従来型の「シェア」は家族や近隣住民などの小規模なコミュニティで行われていたのに対して，現代の「シェア」は赤の他人との間で行われる。

しかし，このような相違があるものの，いずれも「シェア」していることには変わりなく，近年のシェアリング・エコノミーの拡大を「シェアリングエコノミーの復権」（中，2018：4）だと述べている。

これに対し，このことを所有権理論に基づいて考察すれば，従来型の「シェア」と現代の「シェア」の相違は，前者では所有権が多くの人々に共有されている状態であるのに対し，後者では所有権が個人によって持たれている状態であることにある。つまり，前者は言葉通り所有権がシェアされているが，後者は所有権がシェアされない仕組みになっている。

まず，共同牧草地のような従来型の「シェア」では，狭い土地は放牧に適さないことから，小規模な土地を組み合わせて共有地をつくり，多くの人が自由にその土地を利用できるようにしてきた。一般的に，誰でも土地を自由に利用できる場合，誰もが自分の家畜にその牧草地に生えている草をできるだけ多く食べさせようとするだろう。そのため，牧草地の過剰利用が起こる恐れがある。

このように，従来型の「シェア」は土地や労働といった生産要素の供給不足への対処を目的として行われたため，過剰利用の問題にあまり関心が払われてこなかった。これは，当時は生産要素の供給不足が人々の生存にとって深刻な問題であり，それに比べて過剰利用の問題が重視されなかった可能性を示唆している。

また，過剰利用の問題への十分な対処がなされていないからこそ，遠方に住む赤の他人とシェアするよりも，シェアするコミュニティを家族や近隣に限定することが合理的であったとも考えられる。というのも，赤の他人の方が近隣に比べて普段から接触する機会も少なく，互いの過剰利用に目を光らせることは難しいため，人々は早期に資源を利用し尽くすように動機づけられるからである。

一方，Uber のライドシェアのような現代の「シェア」では事情が異なっている。ライドシェアは一見，自動車による移動手段を複数の人間が共有しているように見えるが，所有権理論に基づけば，それは自動車の利用に関わる権利を時間的に分割することによって，「運転手付きで一定時間自動車を利用する権利」を設定し，その権利を自動車の所有者と利用者の間で売り買いしていると見なすことができる。そのため，ある一定時間その自動車を利用する権利は，Uber の利用者に明確に帰属する。

現代の「シェア」では遊休資産の有効活用が主な目的となっているが，遊休資産はそのモノ自体の全部がどの時間でも遊休状態にあるとは限らない。そのため，遊休資産に関する所有権を空間的，時間的に分割して取引することのほうが，遊休資産を丸ごと共有するよりも好都合なのである。したがって，現代の「シェア」では分割された所有権が個人に持たれているため，シェアの対象となる資源の過剰利用や過少投資の問題は起こりにくい。

さらに，所有権が個人に明確に帰属するならば，その個人が近隣住民であろうと赤の他人であろうと過剰利用や過少投資の問題は起こりにくいため，取引相手の範囲が広がり，赤の他人との「シェア」が頻繁に行われるようになったと考えられる。

以上のように，従来の「シェア」は所有権が共有されているが，現代の「シェア」は所有権が分割され，個人に帰属されている。つまり，現代の「シェア」は「シェア」ではなく，シェアしていないからこそ広く世界中に普及するサービスに成長している。シェアリング・エコノミーの本質は「共有」ではなく「分割」することにあるのである。

2.5 シェアリング・エコノミーが都市生活に与える影響

以上の考察から，シェアリング・エコノミーは「シェア」する対象の資源の所有権を分割したことに新しさがあることが明らかになった。では，この新しさは，われわれの都市生活にどのような影響を与えるのだろうか。

政府が積極的にそれを促進しようとしているように，シェアリング・エコノミーは拡大が見込まれるとともに，拡大が社会的に望まれているように思われる。しかし，われわれ個人も積極的にシェアリング・エコノミーを活用したほうがよいのだろうか。もちろんシェアリング・エコノミーの拡大を否定するつもりは全くないが，われわれ個人が必ずしもシェアリング・エコノミーを積極的に受け入れる必要はないだろう。以下，これを明らかにする。

ライドシェアサービスを例にとってみよう。ライドシェアサービスは Uber の急成長を見れば明らかな通り，便利で世界中の人々から求められているサービスである。しかし，ライドシェアサービスは，従来から行われてきた家族間や隣人間での自動車の送迎よりもつねに優れているのだろうか。ライドシェアサービスは決して最も優れたサービスではなく，状況によって最も適切なサービスは変わるのではないだろうか。

われわれ個人は，従来型の家族間や隣人間での送迎を今まで通り活用できる。ライドシェアサービスはそこに，赤の他人の車での送迎という新たな選択肢を追加してくれる。そのため，シェアリング・エコノミーの普及に伴い，われわれの活動の選択肢は間違いなく増えるだろう。これはシェアリング・エコノミーの普及がわれわれにもたらすポジティブな影響である。

このとき，新たな選択肢が増えるため，われわれにとっては与えられた選択肢

の中から状況に応じて最も適切なサービスを選択することが重要となる。たとえば，子どもの習い事の送迎のようにドライバーに対する高い信用度を求める場合には，自分の家族や同じ習い事をしている子どもの家族に送迎を依頼するほうが安心だろう。また，急な用事があってすぐに自動車で出かけたいときや，自動車での移動中に行き先変更や自動車の利用時間を変更することが必要になり再交渉が求められるときにも，家族に送迎を頼むほうが話は早い。さらに，毎日どこに行くにも自動車の送迎が必要ならば，毎回ライドシェアサービスを頼むよりも，自家用車を購入し家族に送迎を頼んだほうが手間が少なくて済むだろう。

もちろん，反対にライドシェアを選択したほうが良い場合もあるだろう。繰り返しになるが，重要なことは自分にとって最適な選択肢を選ぶことである。われわれ個人にとって，従来型のサービスとシェアリング・エコノミーにおけるサービスは状況依存的な選択肢であり，つねにどちらかが他方よりも優れているという性質のものではない。それゆえ，シェアリング・エコノミーが普及するとしても，従来型のサービスと並存する可能性が高いだろう。

近年，日本でも注目を集めるようになったシェアリング・エコノミーであるが，われわれの社会は従来から何かを「シェア」することをしてきたため，「シェア」自体はそれほど新しい概念ではない。本章ではこれを所有権理論に基づいて批判的に検討した。その結果，①実は「シェア」しないことがシェアリング・エコノミーの新しさであること，また，②シェアリング・エコノミーはわれわれの活動の選択肢を広げてくれるが，決して最も優れた選択肢とは限らないことを明らかにし，都市生活におけるシェアリング・エコノミーのあり方を示した。

参 考 文 献

[1] 菊澤研宗 (2016)：組織の経済学入門［改訂版］—新制度派経済学アプローチ，中央経済社．
[2] 中　美尋 (2018)：シェアリングエコノミーが日本産業に与える影響—脅威を好機とするために，日本企業が採るべき戦略とは．*Mizuho Industry Focus*, Vol.209．https://www.mizuhobank.co.jp/corporate/bizinfo/industry/sangyou/pdf/mif_209.pdf（2019 年 5 月 7 日最終アクセス）
[3] PwC: The sharing economy-sizing the revenue opportunity
[4] 政府 CIO ポータル：シェアリングエコノミー促進室 HP　https://cio.go.jp/share-eco-center/（2019 年 5 月 7 日最終アクセス）
[5] 総務省 (2015)：社会課題解決のための新たな ICT サービス・技術への人々の意識に関する調査研究（平成 27 年）

第3章　都市と集客空間

〔川口和英〕

　どうして人は集まろうとするのだろうか。それを理解するには人間の行動の特性にさかのぼって考える必要があるだろう。ある施設やイベント計画に人を沢山集めるにはどうしたらよいのだろうか。人間の習性や嗜好をとらえて戦略的に人集めを行うこと，これはとても興味をひくテーマではあるが，その一方で意外と難しく奥の深い命題である。

　まず，人が集まっているから，余計集まってくるのだろうか，それとも色々な人がやってきて，結果として多くの人が集まっているのだろうか，一体どちらなのだろう。最初に，そもそも人が集まるということはどういうことなのだろうかということから考えてみる必要がありそうである。

3.1　集客の考え方

3.1.1　「集まる」ということ

　人を集めるためにはどのようなことを考えればいいのだろうか。まず「人が集まる状態」とメカニズムを分析して考えてみよう。

　「なぜ人が集まるのか」という部分の構造エンジンが明らかになれば，その機構を分析することで，人集めの手法がクリアになってくるからである。

　さらに，どのようなタイプの人をターゲットに，どこでそうしたものが展開されるのだろうか，どのくらいの人が集まるのかということを体系的に考えて戦略を練っていくことで対応策を立てることが可能なはずである。

　どのようなタイプの施設をつくるのかということを考える場合，全く新しいアイデアを用いる場合もあれば，これまでの先進事例を徹底的に分析して，その考え方を導入していく方法もある。

　またその一方で，あまり効果的に人が集まっていないケースもあるだろう。その仕掛けがうまく機能していない理由を分析できれば，失敗を未然に防ぐことができる。また場合によっては失敗した事例を「他山の石」として参考にしていくこともありうる。いわゆる「失敗学」[*1]（次ページ）にも大変重要な情報が含まれているからである。ここでは，人の集まるメカニズムを解き明かすことからスタート

してみよう。

3.1.2 人が集まるところに賑わいが生まれる
a．集まることによるメリット

人が集まるという状態を，行動科学の視点から分析することには大きな意義がある。なぜなら，人が集まるところにはビジネスチャンスや経済的なメリットが生まれる可能性が高いからである。

たとえば，市場は人と物を集める集客装置であるとともに活気や人気のある場所でもある。外国に出かけたとき，庶民の生活や活動をみたかったら，市場に行くとそのダイナミックさを実感することができる。

かつて人々が物々交換をしていたころには，米がほしい人，魚がほしい人，服がほしい人はそれぞれ交換してくれる人を直接探さなければならなかった（図3.1左）。しかし，米がほしいが魚を持っているAさんと，魚がほしいが米を持っているBさんの組み合わせが必ずしもできるとは限らない。また，その必要量もまちまちだろう。

あらかじめ両者の必要なものがわかっていれば，両者は交換するものを持って，

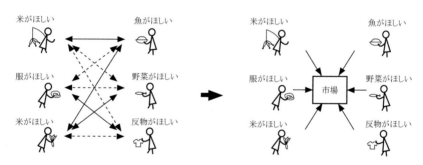

図3.1　市場にはなぜ人が集まるのか

---

*¹ 失敗から学ぼうとする学問体系。航空機墜落事故や経営破綻などのさまざまな世の中の失敗事例から，その失敗を繰り返さないように学ぶ。起こった失敗から責任追及するのみではなく，直接原因や背景・組織的な原因を究明することにより過ちを繰り返さないように知識を広く共有することを学ぶ。

互いの中間地点あたりで会うのが効率的である。しかし世の中はうまくいかないもので，いつも必ずBさんがお米を持っているとは限らない。野菜を持っているDさんも米をほしがっているが，米を持っているBさんは魚がほしいから物々交換は成立しない。

このように，複数の人間の需要と供給は必ずしも一致しない場合が多く，互いの住む場所も離れていれば，ほしいものが手に入らない可能性が高くなってくる。

金沢市近江町市場
図 3.2 市場には人が集まる
マーケット（市場）にはたくさんの人が集まる。市場では日常的に経済的な活動，取引が行われると同時に人を惹きつける活気がある。市場の賑わいは古今東西を問わず，人を磁石のように呼び寄せる。

しかし，皆が集まりやすい場所に，各自が所有するものを持って集まればどうだろうか。図 3.1 右のように，集積した場所に市場ができれば 1 か所で各自がほしいものが見つかる可能性は高まり，より必要なものも見つけられる。貨幣が使用できれば，必要なものを必要なだけ組み合わせて手に入れることもできる。

このように，市場は人間社会の中で自然発生的に生まれて人が集まるチャンスが生まれる場である（図 3.2）。

b．人が集まることによるビジネスチャンス

人が集まって住むこと（集住）によって，さまざまな利便性が生み出される。人の集積によってさらに新たな需要が発生し，その需要を満たすためにさらに人が集まるという現象がある。

いったん人が集まった場所には日常サービスを含めさまざまな機能が集積するため，一定規模以上になってくると人が人を呼ぶ現象が生じてくる。こうした現象は**ロック・イン効果**と呼ばれる。

人が集まる場にはさまざまな情報が豊富にいきかい，物資の交易も盛んで利便性が高い。このようにビジネスチャンスや情報に触れる機会を求め，人はまた集積してくると考えられる。いわゆる大都市に企業や産業が集積するのはこのためである。

都市としては概ね 30 万人くらいの人口が集積すると職場，生産の場，商業，公共施設などの機能が充実するといわれている。ギリシャの哲学者アリストテ

レスはオイコス（家）が集まって村になり，村が集まってポリス（都市）が形成されると考えた。このオイコスという言葉はその後オイコロジーすなわちエコロジー（環境），オイコノミーつまりエコノミー（経済）の語源ともなっている。人は集まることによって文化，社会を形成してきたともいえる。

3.1.3 「人が集まる状態」を分析しよう

ここで，まず「人が集まる状態」の分析からスタートしてみよう。

ここではロジカルシンキングの1つであるMECEという手法を使ってみよう。"MECE"とは，Mutually Exclusive and Collectively Exhaustive の略で，日本語に訳すと「個々にみてダブリがなく，全体的にみてモレがない」という意味である。そのポイントは，話の重複や漏れ，ずれをなくす技術であり，MECEを用いることで，話の飛びをなくし，論理的な思考を構築することにある。この手法はもともと米国のコンサルティング会社によって考案され，応用範囲が広い。何か筋道を立てて物事を考える時に使うことのできる道具である。このMECEを用いて「人が集まる」状態をつくる方法について課題分析をしてみよう。

人を集めるための仕組みをつくり出すには，この過程作業を順番に分析すればよい。図3.3にロジックツリーといわれるものを示す。「人を集める」には何をすればいいのかということをMECEを用いて分析してみた例である。

たとえば「人」を年齢という軸でみると，「子ども」+「若者」+「中年」+「高齢者」という分解はMECEの構造であるが，「人」＝「子ども」+「若者」+「中年」では，「高齢者の部分」のモレがある。

一方，「人」＝「子ども」+「若者」+「中高年」+「高齢者」+「既婚者」

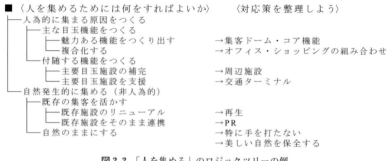

図3.3 「人を集める」のロジックツリーの例

図 3.4 人の分類

という分解ではダブリが生じている．なぜなら，既婚者である若者も，既婚者の高齢者もいるからである（図 3.4）．

きわめて単純に「人」を男性と女性に分類すれば，この場合にはモレもダブリもなく，MECE の構造になっている．これらのモレなく，ダブリなく分類したものについて対応策が示されると，議論が論理的に整理され，解決策が見えやすくなるという手法である．

図 3.3 の例では，「人為的」と「自然発生的」とまず大雑把に 2 つに分けてある．さらに「人為的」な枝（ツリー）の下は，主な目玉機能と付随機能とに分けた．論理上は互いにモレ，ダブリはないはずである．

このようにロジカル・シンキングを用いると，問題を整理して分解できるため，特定の課題がセグメント化（区分）され，議論や解決策がクリアになる．

3.1.4 人が集まる類型

「人の集団」の分類は，MECE を使って目的別に考えると大きく分けて，図 3.5

図 3.5 「人の集団」の目的による分類例

第3章　都市と集客空間

表3.1　人の集合の分類

群衆（crowd of people）	明確な目的を持たない。むらがり集まった大勢の人
大衆（general public）	特に明確な目的は持たないが、受け身の立場。属性や背景を異にする多数の人からなる未組織の集団的存在
公衆（public）	明確な目的は持たないが、モラルを持つ。広い地域に散在しながらもマス・メディアなど間接的コミュニケーションによって世論を形成する集合体
観客（spectator・audience）	ある観覧をするという目的を明確に持つ。見物人、特に映画・演劇などをみる人

のように分けることが可能だろう。

この分類の中のどの集団に焦点を当てて、われわれは集客を考えていけばよいのだろうか。少なくとも、「群衆」のように明確な目的を持たない集団と「観客」では自ずと行動科学的な視点は異なってくる。

一方、通常人の集合を社会学的な視点で分類すると表3.1のようなものが考えられる。しかし、たとえば図3.5と比較すると、MECEによって展開したときたとえば「？？」に相当する部分など、ちょうど当てはまる言葉が日本語にも英語にもないものもある。しかしこの中には表3.1の4つの分類のカテゴリーに属する要因があることがわかる。その意味では表3.1は人の集団ということを考えた場合モレもあり、ダブリもあるのである。

つまり、何かを目的とした集客を考えようとするのであれば、まずは呼び込もうとする人間がどんな集団（group）に属するのかを明確に意識していくことが必要だということを意味している。

たとえば、渋谷駅のスクランブル交差点（図3.6）の巨大な人の流れは何か目的を持って動いているのだろうか。この多くの人々はそれぞれ目的を持ってどこかへ向かおうとしている。そしてほとんど一人ひとり

図3.6　渋谷駅前スクランブル交差点の群衆
渋谷センター街には常に沢山の人が移動しているが、彼らは明確な1つの目的を持ってここに集まっているのではなく、皆別々の目的地があって、たまたまこの時間帯に居合わせた群衆である。

が，全く異なる目的に向かっているのであり，全体でみた場合にこの巨大な人の流れは明確な目的を持っていない集団であり，4つのタイプの中でいえば「群衆」に相当する。

一方，空港ターミナルビルなどの中にいる人々（図3.7）は空港内での目的（たとえば飛行機の利用やトランジット）のための集合であり，表3.1の分類では「公衆」に相当する。

図3.7 羽田空港旅客ターミナル（ビッグバード）
巨大なターミナル施設の中には人の流れが常に発生している。これから乗る飛行機を待つ人や乗り換えの人が多数集まる空間に，さまざまな商業機能が集積している。基本的にここに集まっている人は本来の目的は飛行機に乗る人たちである。

こうして考えてみると人間は時と場合，場所によってさまざまなタイプの人の集団に変化するということでもある。人が集まっている状態は集団で移動している状態（渋谷交差点），そこに静止している状態（コンサートや野球場），滞留している場合（渋滞・行列）など，さまざまなタイプの「集まる状態」を示すということになる。

3.2 人が集まることを分析してみよう

3.2.1 人間電子説，経済人

では，人間一人ひとりはどこかに集まるときは，何か法則性のようなものはあるのだろうか。人間を捉える際に，あたかも電線の中で電圧をかけられた電子のように法則性に基づいて動くという考え方（人間電子説）といわれるものがある。また純粋な「経済人」として各人が理性的に最大の効用を得ようとして行動するという考え方もあり，人間はどうも多面性を帯びた集団であるということがいえそうである。なかには，少数の法則性では測りきれない行動をとる人も出てくる可能性はある。

「集客」を科学的に捉えようとすると，この人間の「集まる」という行動や現象を定量化し，その戦略および方法論を展開することが必要である。

3.2.2 これまでの集客の分析手法

これまで集客型施設への入込客の推計を行う手段として，概ね以下に示される

ような方法が従来とられていた。

a. 過去の事例からの予測

過去の類似事例からの分析を行う方法である。たとえば，大阪ドーム（現京セラドーム大阪）やナゴヤドームの計画の際には，先行する東京ドームや福岡ドーム（現福岡ヤフオク！ドーム）を参考にして計画が検討された。過去の類似事例から，実際にこれから適用しようとする計画案を当てはめて，どれくらいの数値となるか予測するが，あくまでも類似の事例からの参考値となる。

b. 多変量解析による予測

多変量解析は，複数の説明変数と被説明変数を数式で表現し，説明変数を変更した際のデータを分析する統計学の手法である。これをもとに予測を行う。

たとえば，ビールやアイスクリームの消費量はその日の気温や天候に左右されるが，説明変数に気温，湿度などの複数データを採用して商品の売上高をある程度予測することができる。同様に，たとえば集客施設についても，曜日や気温などの説明要因から当日の入場者数などが予測されている。

c. モデルによるシミュレーション

モデルとは，現実に実物を作ることがコスト面などの理由から困難である場合に，その現象を再現できるようにするものである。コンピュータ上のプログラムを動かしたり，数式を導き出すことによってスピーディーに，なおかつ低コストで予測値を出すことが可能となる。入場者数予測モデルについても，これまでさまざまな手法が検討されてきている。

d. 実態調査等による実績以降調査からの推計

こうした推計の中で，大規模集客施設の利用者数シミュレーションの前提条件を調べる場合，アンケートを使用し実際の利用者層を想定する手法がある。しかし，この方法は回答者の母集団やアンケートの質問項目によっては，必ずしも実際の予測値データと比較して正確な回答が引き出せるとは限らず，入込客数との間に乖離がみられるケースが多い。一方，重力モデルといわれるシミュレーションについても現在の集客型施設に適用できる汎用的な推計モデルは整備されていない。また過去の事例による推計は容量的な分析が現在のところ十分に行われておらず，あくまでも計画者の経験によっているところが大きい。

3.3 集客施設の入場者数予測

3.3.1 集客施設の入場者数予測手法の検討

集客型施設の計画を行う場合，その施設が集めたいと考える人々を呼び込むことができるのかということ，すなわち「**入場者数予測**」を適切に行っていくことは重要な検討事項である．今日，社会現象や都市問題，環境問題にもシステム工学のアプローチが適用されるようになってきており，入場者数予測にもこのような考え方の適用

図3.8 観覧車のある街並み（ロンドンアイズ）
ロンドンアイズは2000年にテームズ川沿いにオープンした最新型の観覧車である．ゴンドラは透明なUFOのような形をしていて国会議事堂（ビッグベン）の向かいにあり，ロンドンの新名所として沢山の人が押しかけている．

が考えられる．特に大型の集客施設のように，開発規模が巨大で，多額の投資とランニングコストを伴う計画については，その施設内容や機能を明らかにし，十分な検証を行うための計画理論が必要である．

この際，入場者数予測に関係する要素を決定し，要素の関係を定め関係式の係数（パラメーター）を求めることとなる．そこで，まず入場者数予測モデルを構築するにあたって，そのモデルに関する既往の研究につきフォローしてみよう．

a. 重力モデル

空間の基本構成要素としては，距離，方向，相対的位置などがある．そのうちの距離を現象説明に用いたモデルが重力モデルである．このモデルでは人間と施設の間の関係をニュートン力学のアナロジー（類比：例の似たものをもって，あるものを説明しようというときに用いる）として捉えている．重力モデルは，計量学的測定にインパクトを与えた分野である社会物理学を中心として，以前から，物資，人口，情報などの地点間流動現象の解析に用いられてきたものである．万有引力の法則との形式的類似性により成立する重力モデルとして2地点間の流動量が，両地点の人口の積に比例し，その距離の累乗に反比例すると仮定する．モデルとしての流動現象への適合度は現実に対して良好だったが，その理論的根拠は経験則であることからこれまで乏しいものとされてきた．

b. ライリーモデル

米国のウィリアム・ライリー（Reilly, 1931）の考案した市場圏モデルをライリーモデルという。このモデルでは，都市間における買い回り品の購入顧客の吸引率を表現する。2つの都市がある場合，その中間に位置する都市からの購買額は2都市の人口に比例し，距離の2乗に反比例することとなる。

c. コンバースモデル

米国のコンバースが提示したモデルであり，ライリーモデルを発展させ，2つの都市間の商圏の分岐点を算出する商圏分岐公式を提唱している。ライリーの法則を変形して作成したものであり，2都市の購買量の比率が等しくなる地点を計算することによって，商圏の分岐点が算出できる。

d. ハフモデル

入場者数予測手法として，ハフモデル（図3.9）がよく使われている。米国の経済学者デービッド・ハフ（Huff, 1963）が考案した小売吸引のモデルである。

ハフモデルは重力モデルの応用でもあり，特に交通計画や商業施設計画では，各都市と施設の距離の2乗に反比例し，質量に相当する小売床面積に比例すると

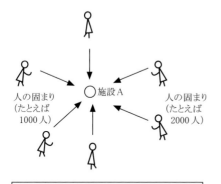
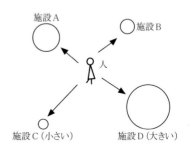

図3.9 ハフモデルの考え方

いう形式の予測式（重力モデル）が，実際に高速道路の交通量算定やスーパーマーケットの出店戦略の検討に使われている。大規模商店の立地影響評価などで適用事例が多い。

e．エントロピー最大化空間的相互作用モデル

英国リーズ大学のウィルソン（Willson, 1970）は最も実現性が高い流動パターンを記述する式を統計力学的エントロピーと名付けて，それを最大化することによって行動をモデル化する，エントロピー最大化空間的相互作用モデルを提唱した。エントロピーというのは「不確定さ」，「乱雑さ」，「無秩序の度合い」と訳される。高温のものと冷温のものが接するとき，高いほうから低いほうへと熱の移動が起こるが（逆向きはない），そのときの物質やエネルギーの局在（偏り）の度合いを表す。たとえば，水の入ったコップにインクをたらすと，最初はインクの分子は水の中のある部分に「もや」のように固まっているが，この状態はエントロピーが低い状態である。しかし，時間が経つにつれインクはコップ全体に行き渡り，やがて均一な色になる。この状態がエントロピーの高い状態である。自然界では，エントロピーは系全体としては，時間とともに増加を続ける。これは物理学の「熱力学第2法則」と呼ばれるものである。

このモデルは社会全体を熱力学的システムとみなし，個々の人間を分子のように統計力学的に行動するものと考え，一定の総移動距離の制約の中で集団が総体としてのエントロピーが最大となるように行動するという前提に立っている。

3.3.2　集客施設の需給モデルの構築

ハフモデルにおいては，利用者と商業施設などの間にニュートン力学の法則が当てはまることを前提としているが，実際にはその理論構成はアナロジーとしての適用であり，理論性に欠ける部分がある。そこでここでは，施設の利用者需要と施設の効用の供給側に需給均衡が成り立つと考え，利用者が純粋な「経済人」として効用を最大化させる行動をとる結果，入場者数が定まるとする考え方を紹介する（川口, 2000）。この考えでは，ある居住者の固まりが，任意の集客施設へ行く確率によって入込客数は特定の施設へ吸引され，利用者側と施設側の需要曲線と供給曲線の均衡点に基づいて決定するものと考え，あるブロックから特定の施設へ行く確率を算出し，計画施設への来客数の合計を計算し，成立可能規模を求める方法である。すなわち，各利用者は効用を最大限にすることを目途として，より時間距離が短く，魅力係数の高い施設を利用することを前提とする。

この場合には，施設へ利用者を引きつける魅力係数を各施設が持つデータを定量化したうえで，その施設の集客能力を判定することが必要となる。たとえば，ある集客施設を例にとると，その施設の魅力係数を設定したうえで集客の範囲をマーケティングエリアで設定し，どれだけの人数を集めることができるのかを予測する。

参 考 文 献

[1] 八田達夫，八代尚宏（1995）：東京問題の経済学，東京大学出版会.
[2] 林田和人，渡辺仁史（1995）：博覧会における日別入場者数変動に関する研究. 日本建築学会計画系論文集，**467**：81-88.
[3] Huff, D. L. (1963)：A probabilitistic analysis of shopping center trade areas. *Land Economics*, **39**：81-90.
[4] 位寄和久，両角光男（1995）：ファジィ解析を用いた都市内空地の心理評価構造分析—都市内空地の魅力度評価に関する研究. 建築学会計画系論文集，**467**：105.
[5] 狩野紀昭，瀬楽信彦，高橋文夫，辻　新一（1984）：魅力的品質と当たり前品質. 日本品質管理学会誌「品質」，**14**（2）：39-48.
[6] 川口和英（2000）：需給モデルからみた大規模球場型集客の魅力係数に関する研究—集客施設の入場者数予測手法に関する基礎的研究. 日本建築学会計画系論文集，**534**：123.
[7] Reilly W. J. (1931)：The Law of Retail Gravitation, Putman and Stone.
[8] 宇治川正人，讃井純一郎（1995）：スキーリゾート施設に対する利用者の評価に関する研究（その1）. 日本建築学会計画系論文報告集，No.472.
[9] Willson, A. G. (1970)：Entropy in Urban and Regional Modeling, Pion.

第 4 章　都市と資金の働き

〔永江総宜〕

4.1　都市の開発と資金

4.1.1　資金の働きの重要性

　都市を創り出し，それを運営する活動には必ず「資金」が必要となる。たとえば自分の家を探す場合を考えてみよう。どのような家をどの場所に建てたいのか？　戸建てを建てるのか，マンションを購入するのか，あるいは借家にするのか？　建てるとしても構造や間取りは？　考えることはさまざまである。その中で，必ず考えなければならないのは，どの程度の「予算」とするのか，ということである。いかなる計画も予算なしには実現しない。

　同様に，家だけでなくさまざまなまちづくり，都市の開発・創造に関しても資金の話は切っても切ることができない重要な要素である。本章では，都市に関わる資金の働きについて重要なポイントをいくつか示し，その働きについて触れていき，最後に資金の働きを一覧したものともいえる収支計画についてみてみる。

4.1.2　都市における事業と事業主体

　都市を創り出し，また運営していく活動を，（営利目的か否かにかかわらず）ここではすべて「事業」として捉えよう。

　また，その事業を遂行するための資金の働きを考えるとき，その資金を誰が用意し，誰が使用するのかということが問題となる。特に都市に関わる事業のように多様な事業形態が考えられる場合においては，誰がどのように事業に関わるのかによって，資金の働きを考える「主体」が誰なのかを明確にしなければならない。そうしなければ，資金の過不足や，調達の方法なども不明確となってしまい，事業の成否や継続に影響が出てしまうためである。いずれにしても，この「事業主体」がさまざまな利害関係者と関わりながら，資金のやり取りを行いつつ都市において活動している（図4.1）。

　都市で行われる「事業」には，すでに述べたような，個人の住宅の購入・売却，賃貸などの他，企業などによる住宅やビルの建設・販売，あるいは行政などによ

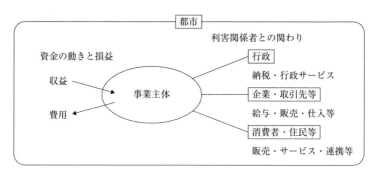

図 4.1 都市と事業主体（筆者作成）

る道路，公園などの整備や区画整理，さらには都市開発，集客施設の企画・開発・運営など，多彩な活動がある。本章ではそうした活動全般を対象として広く考えることとする。

また，事業の実施にあたり，当初の初期投資や事業実施にあたっての必要資金の調達，事業運営による収益および費用（コスト）の把握，収支計画の策定による情報開示，といった順に説明を加えていく。

4.1.3 事業主体の形態

上記のような事業を行う，都市に関わる事業主体としては表 4.1 のような形態が考えられる。また，法人の中でもいくつもの法人形態がある（表 4.2）。

多様な事業主体が必要に応じてこれらの形態をとるが，それに応じて資金の流れや位置づけが異なることとなる。このことは後に紹介する収支計画などを考えるときに大きな意味を持ってくるため，注意が必要である。

表 4.1 事業主体の主な形態（筆者作成）

形　態	概　要
個　人	個人のまま活動する主体であり，住宅の購入や個人企業の運営などを行う。
任意団体	集団で活動し，代表者など一定の組織を持つ場合もあるが，法律上の権利義務の主体となりうる「法人格」を持たない。
法　人	法律上の権利義務の主体となることができる「法人格」を持った集団であり，一定の組織を持つ。
共同企業体	複数の企業などの代表から構成される一時的な事業活動実施の主体であり，形式的には民法上の「組合」とみなされる。

表4.2 法人の主な形態（筆者作成）

形　態	概　要
会　社	会社法に基づいて設立される法人で，制度上は営利を目的としている。株式会社をはじめ，合同会社，合名会社などいくつかの類型がある。
NPO法人	NPO法（特定非営利活動法人法）に基づいて設立され，同法に規定する非営利活動を行う法人で，基本的に営利を目的とはしないが，営利活動を行うこともできる。
社団法人，財団法人	民法および関連法の規定により設立され，人の集団および基金として法人格を持つことができる。限られた範囲内の共益を目的とする一般社団法人，一般財団法人と，広く市民全体を対象に公益事業を行う，公益社団法人，公益財団法人がある。

4.2　資金の調達

4.2.1　自己資金と資本コスト

　まず，都市において何らかの事業を進めようとするとき，必要な資金を用意しなければならない。本質的には必要資金をすべて用意してから事業の実施にかかるのが望ましいが，現実には事業の大きさや時間的なタイミングにより，必要な資金をすべて用意してから実施に移れることは多くない。たとえるなら，住宅を購入するために，即金での支払いよりも住宅ローンを利用することが一般的なのと同じである。これは，企業や行政が行う大規模なプロジェクトにおいても同様である。一般的に，自ら用意する資金が「自己資金」もしくは「資本金」とされ，不足する分は「借入金」によりまかなわれる。

　以上のことは，企業の財務諸表の1つである貸借対照表（バランスシート）における貸方，すなわち「負債」と「純資産（資本）」に対応しているものである。ここで，自己資金についていえば，個人が住宅のために用意するような自己資金であれば特に調達コストを意識する必要はない。しかし，企業などが新たな事業のために資本金を集める場合，つまり株式などを発行して資金を調達する場合には，一定の資本コストを考慮する必要がある。これは，簡単にいえば「配当」のことである。資金を提供するのは一般的には投資家ということになるが，投資家の立場からすれば，単に資金を貯蓄するのではなく株式に投資をするということは，事業が失敗するかもしれないというリスクを負担することになる。このため，リスクに見合う見返り（リターン）として貯蓄による利息以上の配当を期待して投資をすることとなる。事業主体の立場からすれば，より多くの資金を集めるためにも，また実際にその期待に応えて配当を実現するためにも，事業の内容をよ

り高めることで効率性と確実性を確保する必要がある。また，株式だけでなく，不動産の証券化といった他の手法によっても資金調達が可能であるが，投資に対するリターンという点では同様のコスト負担を考えておく必要がある。

また，自己資金の一種として，たとえば行政からの補助金や助成金なども，都市における事業の資金調達の選択肢の１つに挙げられる。これらについては調達コストを意識する必要はあまりないが，申請手続きや結果の報告などの手間，申請条件や使途の制約など，制度的な負担があることは認識しておく必要がある。

4.2.2 借入と利息

自己資金以外の主要な資金調達の手段として，借入がある。借入といっても一般的な金融機関からの融資だけでなく，企業における社債の発行や，行政による公債の発行といったスタイルを取ることもある。また，企業間や個人間の貸し借りもある。借入による資金調達では，利息が発生する。利息は一定期間資金を使用させてもらうことに対する対価であり，事業主体にとってはコストの１つである。ここでは一般的な借入を，返済方法と利息負担の違いによって比較してみよう。返済方法としては，大別して元金均等返済と元利均等返済がある。

a． 元金均等返済

元金均等返済は，借入額を返済期間全体にわたって均等に返済していくものであり，企業の一般的な事業などへの貸付は，この元金均等返済の方法をとることが多い。利息はその返済の都度，利率と前回返済時点の残高，今回返済時点までの期間によって決まる。返済が進むにつれて借入残高が減少していくため，利息部分は借入当初ほど金額が大きいが，返済が進むほど小さくなっていく。定額である元金部分と合わせると，支払総額は返済の早い段階では大きいが，返済が進むにつれて支払総額はしだいに減少していくという特徴を持っている（図4.2）。

b． 元利均等返済

元利均等返済は，元金と利息額を合わせた返済総額が返済期間にわたって一定となるように計算した返済方法である。返済のための支払額そのものが一定となるので，安定した返済が可能となり，個人の住宅ローンなどによく利用されている。しかし，当初の返済１回あたりの元金返済額は元金均等の場合より小さいため，同じ期間，利率の条件で返済すると，利息も含めた支払総額は元金均等返済の場合より大きくなる（図4.3）。

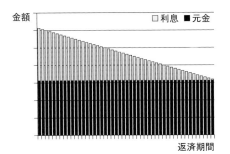

図4.2 元金均等返済の内訳イメージ
（永江, 2013を基に筆者作成）

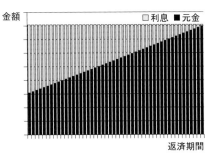

図4.3 元利均等返済の内訳イメージ
（永江, 2013を基に筆者作成）

4.3 事業の評価

4.3.1 損益とキャッシュフロー

都市における事業の実施段階では，事業の収益と費用を把握する必要がある。ここで収益・費用（これを損益と呼んでおく）という場合，資金の動きそのものとは少し異なる意味合いを持っている。損益とは，理論上の損益であり，たとえば信用取引である企業の売掛金のように，資金の入金は後日であっても取引成立時点で収益として認識するものがある。コストについても同様で，後に述べる減価償却費のように，実際には資金の支出がないのに，費用として認識するものもある。こうした考え方は「発生主義」と呼ばれている。発生主義による損益の認識は，事業の成否を正確に評価し，意思決定に資するために不可欠の情報を提供するものであり，その正確な把握は非常に重要である。

しかしながら一方で，現実的に事業が継続可能かどうかは資金の有無そのものによって左右される。事業としては，理論上の損益計算でいかに赤字が出たとしても資金があれば事業を続けていくことができる。しかし，資金が枯渇したうえ，さらなる資金調達である借入などができない状態に至った場合，それがすなわち事業の破綻であり，企業でいえば倒産，もしくは破産となる。たとえば，多額の売掛金があり理論上は売上が上がって黒字になっていたとしても，入金のタイミングが遅れ必要な支払いが期日までにできなかった場合，いわゆる「黒字倒産」と呼ばれる状態となる。近年は経営破綻の実態などを踏まえ，事業の資金収支（キャッシュフロー）を重視する傾向が強まってきている。

以上のように，事業運営の成果を評価する際には損益計算を行うとともに，資

金の動向を同時に把握し，利害関係者に開示することが重要となる。特に，都市開発など大規模かつ長期間にわたる事業が行われる場合には，各事業年度ごとの損益をどう把握するかは理論的に重要である。また，事業途上における資金不足などのリスクも考えられる。本章においても，後の事業収支計画例において，損益計算とともに，ごく簡単なキャッシュフロー計算を示している。

4.3.2 費用と税務

都市に関わる事業において，収益と現金収入との相違を明確に意識する必要はあまりない。しかし費用においては，都市に関わる重要な費用項目として「減価償却費」を挙げることができる。また，不動産などに関わる重要な支出として，税務上の項目が挙げられる。

a. 減価償却

事業を運営していくうえで，特に大規模な施設や設備，機械などを必要とする場合に重大な影響を与えるのが減価償却である。減価償却については十分な理解が必要である。

まず，費用とは何かを考える。費用とは，何らかの収益を得るために事業主体によって費やされた財貨の額を指す。つまり，収益を得るために自らが持つ金銭や設備，備品などを使い，犠牲になったものの価額を費用と考える。たとえば商店における仕入，飲食店や製造業における原材料など，販売とともに顧客のもとに移動し，もしくは顧客によって消費されてしまうようなものは，まさしく費用といえる。これに加えて，人的労力への対価として支払う給与などの人件費，道具類や備品，電気，ガスなどのエネルギーの使用料金も費用である。

また，工場設備や建物，機械，車両なども使用され，その分劣化または老朽化していく。これら事業主体の財貨，つまり金銭や物品の費消分もやはり費用である。ところが，建物や設備，自動車などはその年だけで使用されきって無くなるようなものではない。数年間，長いものでは数十年間にわたって使用される。長期間使用すれば，その間に老朽化したり，摩滅したり，陳腐化したりするなどして価値が減少していく。このように，通常1年である事業年度を超える価値の減少分を，各年ごとに計算したものが減価償却費である。つまり，減価償却費は長期間使用する資産を，その使用期間にわたって費用として計上するための「費用の期間配分」なのである（図4.4）。

減価償却の対象となる建物や設備は，その取得時に一気に支出が行われるが，

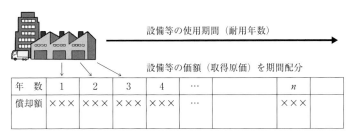

図 4.4 減価償却による費用の期間配分（永江，2013：75）

このときには同額の「資産」を取得したものとする。この時点では何ら損得は発生していないと認識する。したがって，キャッシュフローはマイナスであるが，損益計算ではプラスマイナスは生じていない。一方，資産の使用開始とともに毎年度一定の計算方法により費用が計上されるが，これは理論上の費用であり実際に現金の支出はないため，キャッシュフローには影響を与えないことになる。この点の違いは十分理解しておく必要がある。

なお，土地は資産として取得しても，時間の経過により費消されたり価値が減少するものではないため，減価償却の対象とはならない。

b．都市に関わる税務

都市に関わる重要な税としては，固定資産税がある。固定資産税は土地建物の保有に関して課されるもので，毎年1月1日現在の所有者に対して課税される市町村税である。都市の事業に関していえば，土地をただ保有しているだけで課税されるため，固定資産税に見合う以上に土地建物を活用することが望まれる。

また，個人の場合に限られるが，土地や建物を売却した場合には個人に譲渡所得税が課される。譲渡所得は原則として取得価額と売却価額との差額に，条件により一定の控除を行ったものである（法人の場合はこの差額が利益に加えられる）。不動産取引は個人においては金額が大きく，その負担の影響も大きい。反面，居住用宅地，住宅の売却の場合には，条件によって特例を活用して税負担を大きく減らすことができる場合があるなど，課税のあり方に大きな違いがある。所得税は事業上の費用とはならないが，キャッシュフローの点では個人の生活上重要な税目であるといえる。

もう1つ，やはり費用となるわけではないが，個人に関する重要な税目として相続税がある。個人が亡くなると家族や親族がその財産を引き継ぐ。このとき，一定額以上の財産を引き継ぐと相続税の納税義務が発生する。多くの場合，個人

の財産で大きな金額を占めるものは土地建物であるため，特にその価値が高まっている都市においては，無視できない税目である。また亡くなった者のすべての財産が一度に対象となるため高額となるケースがあり，その税負担は大きなものになる。さらに相続に関連して，相続人による不動産の売却や開発事業が行われることもあるため，支出としてだけでなく都市の事業そのものに深く関わる税目であるといえよう。

4.4 都市と収支計画

資金の働きを可視化し，事業主体自身も含めた利害関係者にその内容をわかりやすく示すための方法として，収支計画が作成される。収支計画は通常，企業の損益計算の形態を基礎としつつ，それを簡略化した一覧表で作成されることが多い。また，この損益計算を基礎とした収支計画表から，資金計画表を作成することもできる。ここでは資金の働きを理解するため，ごく簡単な店舗事例による収支計画表を作成し，その活用方法を説明していこう。

4.4.1 事業収支計画

ここでは，事例としてシンプルなカフェ店舗の収支計画を作成した。ここでいう事業収支計画は，損益計算に相当するものである。店舗の内装や厨房設備，椅子・テーブルなどの備品を店舗の面積などから推定し，初期投資としてどの程度必要かを見積もる。ここでの投資額は減価償却計算の基礎となるものである。また当初の資金調達の額と借入金の額なども決まってくる。次いで，立地場所や店舗面積の想定，周辺類似店の例などから，およその売上を予測する。売上の正確な予測は困難だが，おおよその事業規模を決める重要な作業である。事業規模や内容が固まってくるとともに，各費用項目も想定できるようになる。それぞれの想定金額を算出すると年次ごとに一覧表としてまとめることができる（表4.3）。

この表の想定通りであれば，事業は概ね順調に展開することが見込める。もちろん事業性評価は，それぞれの想定の根拠が明確であることが条件であるが，たとえばこうした計画に基づいて借入の交渉などを行うこととなる。

4.4.2 資金収支計画

表4.3の下段で資金収支の計画も作成している。ここでは上段の事業収支計画（損益）の結果を基に，実際には資金の支出のない減価償却費を加算し，逆に損益

としては登場していない借入金の元金返済額と生活費を計算に入れることによって，実際の年間の資金の動きを検討している。ここではある程度の生活費を見込んでも資金的に余裕があることが示され，事業の継続性もあるものと考えられる。

　以上のように，資金の動きを把握することによって，事業に対する意思決定の材料とできることが示された。また，内容に問題があれば，計画変更の判断材料ともなる。以上のように，都市における事業活動を現実的に左右するのが「資金の働き」であり，都市の事業を検討する上で欠かすことのできないものであるといえよう。

表4.3　カフェ事例による事業収支計画の例（筆者作成）

収支計画

年　次	1	2	3	4	5
売　上	26,418,960	27,211,529	28,027,875	28,868,711	29,734,772
売上原価	10,567,584	10,884,612	11,211,150	11,547,484	11,893,909
売上総利益	15,851,376	16,326,917	16,816,725	17,321,227	17,840,863
給料手当	5,927,227	6,077,228	6,234,729	6,400,105	6,573,749
水道光熱費	600,000	600,000	600,000	600,000	600,000
地代家賃	3,636,600	3,636,600	3,636,600	3,636,600	3,636,600
減価償却費	683,333	683,333	683,333	683,333	683,333
損害保険料	120,000	120,000	120,000	120,000	120,000
支払利息	63,583	49,583	35,584	21,583	7,583
雑費（予備費）	1,103,074	1,116,674	1,131,024	1,146,162	1,162,126
費用計	12,133,817	12,283,418	12,441,270	12,607,783	12,783,391
当期純利益	3,717,559	4,043,500	4,375,455	4,713,444	5,057,472

資金収支計画

年　次	1	2	3	4	5
前期繰越金	0	1,400,892	1,427,729	1,786,521	2,483,302
入　金					
当期純利益	3,717,559	4,043,500	4,375,455	4,713,444	5,057,472
減価償却費	683,333	683,333	683,333	683,333	683,333
元入（資本）金					
追加借入					
入金計	4,400,892	6,127,725	6,486,517	7,183,298	8,224,107
出　金					
借入返済	500,000	699,996	699,996	699,996	699,996
生活費	2,500,000	4,000,000	4,000,000	4,000,000	4,000,000
出金計	3,000,000	4,699,996	4,699,996	4,699,996	4,699,996
入出金差額	1,400,892	1,427,729	1,786,521	2,483,302	3,524,111

参 考 文 献
［１］　伊佐　淳（2008）：NPO を考える，p.26-32，創成社.
［２］　永江総宜（2013）：事業収支計画の基礎と展開，p.74-86，87-98，99-101，創成社.
［３］　砂川伸幸（2017）：コーポレートファイナンス入門（第2版），p.54-69，日本経済新聞出版社.

第2部 都市のマネジメント

第5章 都市発展の原動力—イノベーションが生まれる場とシステム

〔林 和眞〕

——都市は人類最高の発明である。（*Glaeser, 2011*）

　ルネサンスを支えてきたイタリアのフィレンツェからICT産業の先端を行くシリコンバレー，4000万人を超える巨大なグローバル都市圏として成り立っている東京，これらの都市の共通点はなんだろうか？

　これらの都市は，新しい時代を切り拓いた人々の活動場である。すなわち，都市という空間はアイディアが溢れて創造しあう空間，すなわちイノベーションが起こる空間として成り立ってきた。

　では，人々はなぜ都市に集まるのか？

　最もわかりやすい理由は，仕事の都合である。働く場があり，良好な職場を求めて人は都市に集まってきた。かつて高度成長の時は農村から都会へ，農業や漁業のような一次産業に勤めた人々が製造業への就業のため，工場や会社が多く立地している地域に集まることになった。その後，産業の高度化が進み，第三次産業への移行が進むにつれ，より多くの機会とアイディアを求めて，大都市圏への集中が著しくなってきた。このように大都市は新産業に対して素早く適応することができ，新たな雇用を生み出す。その背景には先ほど述べた「イノベーション」というものが大きく関わっている。

　本章では，イノベーションとは何か，そしてイノベーションが持続的に起きる都市とはどのような空間なのか，都市の中でイノベーションはどのような役割をしているかについて解説する。最後に，これから持続的に選ばれ続けられる都市空間を作り上げるために何が必要なのかについて提示する。

5.1 都市とイノベーション

5.1.1 イノベーションとは？

　近年ではイノベーションという単語をよく耳にする。「新しい」，「革新的」という意味で使われることが多い。最も古くからいわれているイノベーションの定義は，今までなかったものを世に生み出し，価値を創造する行為または生まれた価値である。イノベーション論の創始者シュンペーター（J. Schumpeter）は，

純粋に経済的なものでありながら継続的には行われず，その枠や慣行の軌道そのものを変更することを動態の理論と主唱し，動態による変革，すなわち，新たなものを生産する，あるいは既存のものを新たな方法で生産することをイノベーションと称した。シュンペーターの定義は技術革新の面に主に注目をしているが，近年ではより広い意味でのイノベーション論が論じられるようになった。すなわち，製品やサービスの創出まで意味を拡張し，物の生産のみではなく，使用者に届け，維持管理するプロセスまでを含んでいる。

5.1.2 都市・地域発展の原動力としてのイノベーション

地域の発展のためには,持続的なイノベーションが重要となる。地域はイノベーション創出の重要な「場」および「環境」（Cooke, 1992）であり，イノベーションを育てる地域形成のために，地域発展戦略および地域計画が広められた（図

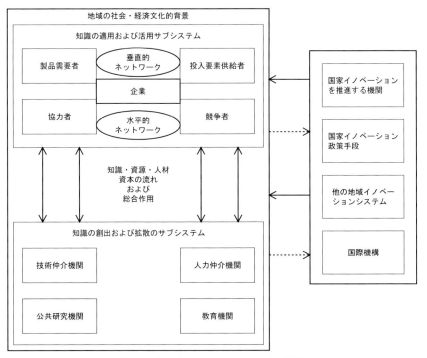

図 5.1 地域イノベーションシステムの構造

5.1)。有名な事例として，ドイツ，オランダなどヨーロッパ国における地域発展戦略が最も重要としているのはイノベーション政策である。日本ではクラスター計画など多くの政策が展開された。アジアの中では，中国や韓国でも地域イノベーションシステム政策による地域への政策が展開されてきた。

5.1.3　イノベーションの場とイノベーションネットワーク

それでは，イノベーションはどのように形成され，どのように空間と関連しているのか？

従来のイノベーションは，1つの企業や研究所で技術開発をもとに単独で行われてきた。しかし，現在の技術は多様な主体によるコラボレーションをもとに創出されている。すなわち，つながりを介してイノベーションが起きているともいえる。このような状況でイノベーションを生み出すために重要なのは，一人単独の成果よりつながりによる共創のプロセスである。このようなイノベーションのためのつながりを「イノベーションネットワーク」と定義している。すなわち，イノベーションネットワークはイノベーションを起こすために，またはその過程で形成されたネットワークであり，特許，フォーラム，技術協力などを通じた横断的なネットワークである（Capello & Camagni, 2000）。

一方で，そのようなつながりは必ず空間的な制約と関係性の制約により，影響を受ける。すなわち，どのぐらい，どの側面で近い人とイノベーションを生み出

表 5.1　5つの近接性の概要（Boschma, 2005）

	主要概念	小さすぎる場合	大きすぎる場合	解決策
認識的近接性	知的の差	誤解	新規性の不足	多様性ある知識の輸入，共有知識を基にクラスター構築
組織的近接性	コントロール	機会主義	官僚主義，煩雑な手続き	緩いシステム
社会的近接性	信頼（社会的関係に基づく）	機会主義	経済的な連盟なし	埋め込まれているネットワークとマーケット関係を調和
制度的近接性	信頼（同じ制度機関に基づく）	機会主義	ロックイン，慣習的な雰囲気	制度的チェックとバランス
地理的近接性	距離	空間的外部経済なし	空間的ロックイン	ローカル'バズ'と外部との連結の混合

せるのかの問題である。これをイノベーションネットワークの近接性といい，大きく5つの近接性に分類をしているのが表5.1である。この表によると，認識的，組織的，社会的，制度的，地理的な近接性に分けることができる。たとえば同じ国の中にいる場合は，同じ制度上での活動であるため，制度的近接性は同レベルとなり，変わりがない。また，認識的近接性と社会的近接性に関しても同じ文化圏と社会規範であれば，制度的近接性と同様に違いはない。したがって，国内のイノベーションネットワークを語るうえで最も重要なのは，会社や所属機関により規定される組織的近接性と離れている距離による地理的近接性である。この2つの近接性の力学によって，都市におけるイノベーションネットワークの広がりが形成されているのである。

5.2 イノベーションの空間モデル

それでは，イノベーションネットワークに基づく空間の広がりはどのようなものだろうか。ここでは，イノベーションネットワークを模式図を利用し，イノベーションの空間モデルを概略的に説明する（図5.1）。本モデルは筆者が長年のあいだ実証研究を行った結果に基づくイノベーションネットワークのモデルである。

要素としてネットワークのリンクと結節点（Hub），緩やかな集積を示す地域と狭い範囲で高い集積がみられる拠点がある。それらに属さない一定の飛び地が存在し，それぞれを結びつけるパイプラインがある。たとえば日本と韓国のように国土が一定のネットワークに属しており，いくつかの大都市圏を形成している場合，拠点は大都市圏内部の集積地となり，緩やかな地域は大都市圏の空間範囲で展開されるネットワーク型の空間構造を持っている（表5.2）。

これらは，きわめて単純化したモデルであり，各都市圏での発現はそれぞれの地域において異なるが，上記に述べた要素についてはすべてのネットワークで見

表5.2 都市圏の性質とイノベーションネットワークとの関係

都市圏分類	有意に働く近接性	都市圏事例
Global city region	組織的近接性	東京圏，ソウル圏
Regional center city region	地理的近接性	大阪圏，名古屋圏，釜山圏
Local city region	地理的近接性＋組織的近接性	
National Hub city region	地理的近接性	大田市（韓国）

受けられる。

　主に技術革新をもたらす知識ベースのイノベーションネットワークの空間構造は，非常に複雑に絡みあっている。

　ここで重要なのは，このような空間が必ずしも地方公共団体の範囲内に収まることはない点である。すなわち，日本だと，県境や地域ブロックの境目を超えて形成されていることがわかった。

　このようなイノベーションが展開される空間を計画対象として捉える際には多くの注意が必要である。企業活動や地域の雇用促進，ひいては都市の競争力と経済の活性化に向けて，さまざまな政策が必要であるが，空間的な近接性に基づく地域単位の政策推進から，より広域化に対応でき，柔軟性のある，ネットワーク・ガバナンス体系を持つことが有効である。

　また，イノベーションの地域性に基づいて地域圏を考える必要がある。イノベーションネットワークの空間構造は，真ん中に密な交流が可能であるクラスタが存在し，その周りをある都市圏として一体的な空間を形成している Regional buzz が存在する。それらの地理的な近接性を持った地域以外に，飛び地とそれを結ぶ Pipeline が存在するような形である。それは，隣接したものだけでは説明できないネットワーク構造のような複雑なものになっているため（図5.2），これらをサポートできる中間組織などを通じて柔軟に対応することが必要である。そのような中間組織は Hub 同士を有効につなぎ，また孤立されたコミュニティなどをつなぐ役割をしていくことが望ましい。

　また，イノベーションは土地に粘着した知識を基に起こるといわれている。すなわち，地域の経済的な活用のみならず，地域の文化や社会的な背景，歴史などに基づいて地域圏を考える必要もある。そのような中間組織は，Hub 同士を有効につなぎ，また孤立されたコミュニティなどをつなぐ役割をしていくことが望

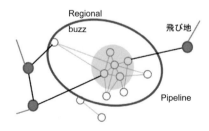

図5.2　イノベーションネットワーク空間構造の模式図

ましい。近年，政策ではなく，エリアマーケティングやエリアマネジメントの一環として，こういった地域のイノベーションを民間主体の力あるいは官民連携で実現しようとする動きが活発である。次の節ではそれらについて詳しく事例を挙げながら述べる。

5.3 より革新的な東京都市圏の形成のために

　それでは，東京都市圏がより持続的な都市圏として成り立つためにはどのようなものが必要なのか？　ここでは全体の都市圏構造の観点と拠点づくりの観点，それぞれを論じる。

5.3.1 都市圏全体の視点：イノベーションが生まれやすい空間構造は？

　先ほど，イノベーションネットワークをうまく政策的にマネジメントするためには，柔軟なガバナンス体系が必要であると指摘した。空間計画の観点からみても，今後の都市圏とは面的な広がりよりは拠点とネットワークの重なりと認識したほうがよい。

　そのような考えとして，Batten（1995）は，ネットワーク概念をより展開させ，モノセントリック（Monocentric）都市から回廊都市へ，その後，ネットワーク都市へ進化するという論議を展開した。そして，ネットワーク都市の重要な要素としてイノベーションと創造性を強調した。回廊都市は不明確な面的広がりを持つ，効率性に欠けている都市構造である。一方，ネットワーク都市は拠点のイノベーション力と連携からなるネットワーク構造を持っている。

　現在の東京都市圏は，ネットワーク型の都市圏構造を成しているが，それぞれの下部ネットワークにより独立的なネットワークを保有した相互補完的都市圏を形成していると考えられる。そこで重要となるのが，Polycentric 広域都市圏という議論である。

　P. Hall（Hall and Pain, 2006）の研究グループは，EU において代表的な 8 つの Polycentric 広域都市圏が形成されていると仮定し，実証的に分析した。その際，実際の通勤などの機能的関係も含めて「企業間ネットワーク」においても関係が形成されていると指摘した。

　P. Hall は持続可能な地域として多核型の広域都市圏の構造を提示しており，従来からの交通や人口移動に企業間取引や電話に代表される情報を含めた都市圏構造を実証的に分析している。具体的なイメージとしては，異なる性格を持った

都市が率いる，核になる都市から約150kmに及ぶ圏域である。これは，日帰りで会合ができる距離圏であり，その意味ではイノベーション創出の空間の集積範囲と重なると考える。

5.3.2 都市内の拠点：イノベーションは都市の中でどのように生まれるか？

それでは，都市内のどのような拠点，すなわち地域で，イノベーションが生まれていくのか？ アメリカの都市問題に詳しいジャーナリストかつ学者として有名なジェイン・ジェイコブズ（Jane B. Jacobs）はイノベーションの粘着性，拠点性を指摘している。すなわち，イノベーションが起こりうる環境は空間と密接な関係があり，容易に伝達・移動することができない。また，イノベーションの拠点というのは大変重要であり，拠点となる地域を中心にダイナミズムが起こり，どんどん発展していくメカニズムを持っている。ジェイコブズの理論に影響を受けた経済学者リチャード・フロリダ（Richard L. Florida）はこの理論をさらに発展させ，創造的な経済（Creative Economy）と創造階級（Creative Class）が都市発展の原動力であると主張した。都市の多様性はイノベーションを生み出し，都市化の経済という異なる業種と多様な企業，主に中小企業の存在が重要であると指摘した。

都市発展の源は持続的なイノベーション創出にほかならないが，それが起こらなくなった瞬間，都市は衰退し始める。二次産業の場合は持続性を確保することが難しく，その衰退がさらに激しい。デトロイトなどがその例である。

日本でも，丸の内の三菱地所による日本創生ビレッジを筆頭としたさまざまな主体が，地域イノベーションと創造経済に向けて取り組んでいる。これらの拠点では知識のマネジメントが行われており，多様な主体との交流を通じて，それらを実現し，成果まで結びつける環境を提供している。

5.4 これからの都市のイノベーション環境を整えるためには何が必要なのか？

今までの都市におけるイノベーション政策は，日本でいえばクラスター政策のようなマクロ視点のものが多かった。また，大企業中心に独自なシステムをもとに発展させるか，中小企業に対する政府や公的領域からのイノベーション支援などが主たるものであった。しかし，今後はこれらの縦割り構造を超えてさまざまな主体の連携と地域や住民に根ざした顔の見えるイノベーションシステムの構築が重要となってきている。日本でもヨーロッパからの影響で「リビング・ラボ

Living Lab」という地域のイノベーション創出を支える拠点とネットワークづくりが注目を浴びている。今後，さまざまな地域においてコミュニティや住民が主役となるイノベーションシステムが普及すると考えられる。

　一方で，企業の活動範囲はどんどん拡張していく。国境を越えた活動を行うグローバル企業はこれからも急成長する中で，これらの企業を誘致でき，都市発展の原動力とするためには，民間と政府の緊密な連携が必要となる。現在，東京を含め世界的な都市で行われているクリエイティブ人材向けの取り組みの重要性はこれからも増していくだろう。

　また，柏の葉スマートシティのように官民学連携も非常に大切になってくるだろう。今までのような低炭素やエネルギー対策が中心だったスマートシティではなく，データの活用が都市全般に行われるオープンイノベーションが起こりやすいスマートシティへ向けて積極的な動きを進めていくことが必要である。今後は個人情報保護とデータのオープン化，両方に向けて取り組みを実施すべきである。

　本章では，イノベーションとは何か，そして都市との関係はどのようなものか，イノベーションネットワークの空間モデルや今後の都市の発展のための方策について論じた。イノベーションは，都市の原動力として役割を果たし，持続可能な発展のための必須要素である。今後の都市のビジョンを考えるうえで，イノベーションとイノベーションの空間モデルを考慮することはますます重要となると考えられる。

参 考 文 献

[1] Batten, D. F. (1995)：Network cities：Creative urban agglomerations for the 21st century. *Urban Studies*, **32** (2)：313-327.　https://doi.org/10.1080/00420989550013103

[2] Boschma, R. A. (2005)：Proximity and innovation: a critical assessment. *Regional Studies*, **39** (1)：61-74. https://doi.org/10.1080/0034340052000320887

[3] Capello, R., Camagni, R. (2000)：Beyond optimal city size: An evaluation of alternative urban growth patterns. *Urban Studies*, **37** (9)：1479-1496.　https://doi.org/10.1080/00420980020080221

[4] Cooke, P. (1992) Regional innovation systems: Competitive regulation in the new Europe. *Geoforum*, **23** (3)：365-382.

[5] Glaeser, E. L. (2011)：Triumph of the City: How Our Greatest Invention Makes Us Richer, Smarter, Greener, Healthier, and Happier, Penguin, Print.

[6] Hall, P., Pain, K. eds. (2006) The Polycentric Metropolis: Learning from Mega-City Regions in Europe, p.19-52, Earthscan.

第6章　ローカルなコミュニティプロジェクトが社会を変える

〔坂倉杏介〕

6.1　おだやかな革命

　2018 年，ポレポレ東中野のロングランを皮切りに，ある自主制作映画が全国各地で繰り返し上映され，静かな社会現象を引き起こした。〈よみがえりのレシピ〉，〈YUKIGUNI〉など，持続可能な社会への問いを背景にそれに向き合う市井の人々の営みをさわやかに描きだすことに定評のある渡辺智史監督のドキュメンタリー映画〈おだやかな革命〉である。この作品では，日本各地で進められているソーラーパネルや風力発電などを用いた自然エネルギーへの転換に向けた企てが丁寧に取材され，そこで語られる価値観や地域の協働の営為を通して，いま私たちの社会で深く静かに進行しつつある「革命」が予告されている。

　その冒頭の一つのシーン，会津電力を立ち上げた佐藤彌右衛門さんの語る背景に映された巨大な奥只見ダムに，はっとさせられた。高度成長期，関東平野に広く電力を供給した奥只見ダムの威容は，作品中で紹介されるさまざまなエネルギー自治の取り組みと比較して，圧倒的に大規模である。とりわけ，同じ水力発電である岐阜県郡上市の石徹白地区に設置された小さな水車との対比は示唆的だ。巨大なダムと小さな水車。みんなで木製の水車をメンテナンスし，小屋に設置された小さな発電機に喜ぶ集落の人々の姿には未来の可能性を感じるが，ダムの建設を通じて近代的な都市を形成してきた高度成長期のロマンとは明らかに異質だ。都市の電力を丸ごとカバーせんとする国家プロジェクトである奥只見ダムと，地区の 100 世帯だけの電力を住民の共同出資でまかなう小水力発電。あなたはどちらのプロジェクトに心躍るだろうか。

　本章ではこの明瞭なコントラストをなす 2 つのプロジェクトを鍵に，なぜ現代の日本でコミュニティによるまちづくりが求められているのか，それはどのような取り組みであるのかを考えていきたい。

6.2　コミュニティの／コミュニティによる／コミュニティのためのマネジメント

　筆者の専門は，コミュニティマネジメントである。コミュニティマネジメント

という言葉は多義的で，学術的にも実務的にも多様な文脈で用いられ，それに応じて意味する内容も幅が広い。

　最もオーソドックスな使い方のひとつに，共有地（コモンズ）の共同管理という意味がある。コミュニティ・リソース・マネジメント，すなわち温泉の泉源や共有の牧草地など地域の資源をコミュニティで管理するという意味合いである。地域社会には伝統的に，こうした地域資源を管理するルールや結や講などさまざまな相互扶助の仕組みがあり，お互いに支え合いながら暮らしてきた。現代でも町内会や消防団など地域の暮らしやすさを維持するための組織が運営されている。コミュニティによる地域のマネジメントである。

　この延長で都市コモンズという概念が生まれた。たとえば都市の緑道や賑わいのある美しい街並みは，それ自体が誰かの所有物ではないが，隣接する店舗や利用する人々に恩恵をもたらしてくれる。しかし，誰のものでもない環境であるがゆえに，不特定多数が好き勝手に浪費してしまえば失われてしまう。そうした事態にならないよう地区の良好な環境を共同で維持しようというエリアマネジメントの考え方や，ステークホルダーが出資して地区を改善する BID（Business Improvement District）といった共同管理の組織づくりが広がっている。

　一方，インターネットを介した知財創出のマネジメントや SNS を通じたコミュニティ形成についても，コミュニティマネジメントという言い方が適用される。Linux が典型だが，インターネット上で世界中の技術者が協力してアプリケーションを開発する際に，どのように情報や利用ルールをマネジメントすれば，よりフェアで生産性の高い価値創造ができるか。こうした仕組みづくりも，一種のコミュニティによる資源のマネジメントである。なかでも，クリエイティブコモンズは音楽やプログラムなどを自由に再利用するために転用や改変のルールを作者が意思表示できる仕組みで，インターネット上の情報を共有財として管理する動きである。また，近年では多くの企業が Twitter や Instagram のアカウントを開設し，SNS でユーザーとのコミュニケーションを行っている。ユーザーが自由に情報発信できるようになった社会では，ブランディングやマーケティングのために SNS を中心としたファンコミュニティの形成やそこでのコミュニケーションに基づいたリサーチは不可欠である。こうした新しい専門職がコミュニティマネージャーと呼ばれることも増えてきた。

　多くの人の暮らしのなかでも身近なコミュニティマネジメントは，集合住宅の自治会やコミュニティ協議会といった住民組織の管理運営だろう。前述したよう

な町内会や消防団などの地縁団体に加えて，集合住宅の自治会や管理組合，より広域的にまちづくりを考えるコミュニティ協議会なども新しい地縁に基づく組織であり，こうした組織の運営に関する問題も，コミュニティマネジメントという領域に含まれる。

さらに，参加型のまちづくりや市民活動支援といった分野もコミュニティのマネジメントといえる。地域に新しい関係性を構築し，そこから主体的な活動を生み出していくアクションを近年ではコミュニティデザインと呼び，各地で広まっている。住民参加で街路や公園のデザインや総合計画を策定する参加型のまちづくりは以前から行われていたが，コミュニティによるデザインという枠組みがさらに拡大し，新しい動的なコミュニティをデザインしていくこと，すなわち地域に新たなネットワークと社会関係資本を醸成していく取り組みが展開されるようになった。

このように，コミュニティマネジメントは，コミュニティによって資源管理を行うマネジメントから，コミュニティそのものを育てていくマネジメントまでを幅広く含み，その実務的・学術的関連領域や活動内容も多種多様だ。重要なのは，「自分たちのために自分たちで行う」という点である。本書の文脈に沿って都市創造の領域に絞って大雑把にまとめるならば，「自分たちのために自分たちで地域の生活環境を豊かにしていくこと」だといえるだろう。その主体は市民一人ひとりからなるコミュニティであり，受益者は特定の個人でも企業でもなくコミュニティの全体である。

この「自分たちのために自分たちで行う取り組み」が，現代社会で改めて重要性を増しているのである。もちろん，伝統的な相互扶助の仕組みは昔から地域に存在した。それがなぜいま再び注目されているのだろうか。

6.3 社会構造の静かな転換

冒頭で触れたダムと水車を思い出して欲しい。国家が主導して多くの国民に行き渡る電力を生み出す巨大な事業としてのダムと，限界集落の住民が当事者としてチカラを発揮して自分たちの電力を確保する小電力発電。どちらのアプローチが正解ということではないが，これらは2つの対照的な時代を象徴している。

日本は，明治維新以降ほとんどの期間を通じて人口が増加し，経済成長を果たしてきた。これを拡大の時代といっていいだろう。毎年毎年人口が増え続け社会が成長していく時代には，大量の供給が必要である。その需要を満たすためには，

6.3 社会構造の静かな転換

必要なモノやエネルギーを集中して生産するほうが効率的だ。巨大な工場や巨大なダムがモノやエネルギーを供給し，経済の成長を後押ししてきた。

しかし，2000年を境に日本の人口は減少しはじめた。大幅な経済成長を望めない「定常時代」（廣井，2010）の到来である。それに応じて都市のあり方も拡大から縮小へと向かいはじめ，虫食いのように空き家や空き地などが増える「都市のスポンジ化」（饗庭，2015）が問題になっている。さらに，人口の超高齢化と少子化によって生産年齢の人口比率が下がり，年々上昇する社会保障費が経済全体の大きな負担となっている。それだけではない。よりマクロに見れば地球資源の枯渇や気候変動という大きな問題に，人類全体が直面している。

こうした変化は，敗戦や大災害といった外的要因による激しい変化ではなく，日々の連続のなかでは気づきにくい。しかし，私たちが生きている社会の構造は，静かに着実に転換している。

このように現実を見ると，モノやエネルギーの大量生産・大量消費という近代社会を駆動してきた方法論が時代に合わなくなってきたと確実にいえるだろう。持続可能な社会へのシフトが地球規模で模索されるなかで，国別地域別の拡大競争から，個人個人が連帯しながら幸福度を高めていく，協調的で自律的な社会システムが必要となる。そこでは，大きな単一のシステムで全てをまかなうのではなく，個別的な状況のなかで当事者同士が連携しながらその場その場にふさわしい価値を創出していく方法論が重要だ。そのプロセスを再創造する仕組みとして，コミュニティのマネジメントが現代的な問題として立ち現れるのである。

こうした社会変動のもとで重要なのは，一人ひとりの社会や地域への参加である。コミュニティデザイナーの山崎亮は，この人口減少低成長時代を「縮充の時代」と名付け，規模は縮小しても文化的充実が可能な時代だとポジティブに位置付ける（山崎，2016）。コミュニティによる課題解決には，そこに参加する一人ひとりの働きが必要だ。人口そのものは減少しても，地域に参加し活動する人口の割合が増えていけば，これまで以上に豊かな地域生活が営める環境をつくっていけるはずである。

そうした可能性を実際に見せてくれるのが，石徹白の小さな水車である。住民が力を合わせることが地域の未来の創造につながる。彼／彼女らの笑顔は，その充実感を感じさせてくれる。そこには「次のシステム」の萌芽が感じられ，それゆえ私たちの心を揺さぶるのである。

6.4 求められる「ものさし」の交換

　劇作家の平田オリザは，構造転換期を迎えた現代の日本における私たちのこれからについて「下り坂をそろそろと下る」（平田，2016）と表現している。「坂の上の雲」を目指して登り続けてきた日本社会は，人口面でも経済面でも坂を下り始めた。そこで目に入るものは，無限の可能性を象徴する雲や空ではない。足元をみながら一歩一歩坂を下りるようなマインドチェンジが必要だという。

　経営や雇用の仕組み，年金や医療費などの社会保障の制度，教育システムなど，私たちがあたりまえだと思っている社会システムのほとんどは，これまでの人口と経済がともに拡大する時代に最適化された設計である。しかし，この拡大時代を何世代にもわたって生きてきた私たちの「思考の習慣」は，残念ながらすぐには切り替わらない。いまだに，より多く，より大きくという規模の拡大を是と考えてしまう。平田のいうように，次の時代にふさわしい頭の習慣や評価の「ものさし」がすぐにでも必要なのだ。

　それでも，新しいものさしを取り入れようという動きは各所で生まれている。

　世界的な流れとしては，2015 年に国連で採択された SDGs（Sustainable Development Goals：持続可能な開発目標）がある。17 のゴールと具体的な 169 の達成基準を設定し，世界各国の取り組みの方向性を示した，いわば政策の新しいものさしだ。根底には，食料や資源の消費など拡大し続ける人間社会の活動を支えるためには，地球 1 個分の環境ではまかなえないという危機感がある。すべてをひとつながりのシステムと捉え，地球全体が人間社会と持続的に共存していくために何を優先すべきか，価値基準を根本から問い直そうという動きである。

　また，地域活性化や都市開発の分野でも，次第にその成果や効果を測るものさしが変化している。たとえばかつては「地域活性化」という言葉は，暗黙のうちに地域の経済振興や人口の増加が達成目標として設定されていたが，現在では，主体的な活動の量や質，関わる人の主観的な幸福度などの向上についても地域の活性化に含まれるようになってきている。GDP（Gross Domestic Product：国民総生産）ではなく GNH（Gross National Happiness：国民総幸福量）を提唱したブータンが話題になったことで，幸福度を政策評価に取り入れる自治体も現れ始めた。成果をはかる指標が変わることで，取り組み方や結果も変わってくるだろう。「何が幸せなのか」をあらためて問い直し，もう一度構築し直すところから，新しい地域づくりが始まるのである。

もうひとつ，関係人口という視点にも触れておこう。関係人口とは，雑誌『ソトコト』編集長の指出一正が提唱した概念で，総務省の政策としても取り入れられている。人口減少時代に対応するため，地方創生という旗印のもと政府は東京一極集中から地方への人口の流れを政策的に生み出そうとしてきた。しかし，この政策の単純な帰結は，地方間の移住者の取り合いである。単に移住・定住者だけを増やすのではなく，観光と移住のあいだの多様な関係性を増やしていくことで地域の活力を取り戻そうという考え方である（田中ほか，2017）。この概念も，人口増加や産業振興という数値で測定できる従来のものさしと比較してわかりにくいかもしれないが，地域外の人との深い関係性が生まれることで，地域内にも新しい関係が生じ，地域資源が発見され，新たな価値を生むという現象が各地で実際に起こっている。

社会構造や価値観の転換のなかで，コミュニティに対する期待や役割も変化している。かつてあたりまえにあった地域の互助的な関係性は次第に失われている。今後求められるコミュニティは，地域資源を管理する組織というだけではなく，多様で創造的なネットワーキングとしてのコミュニティであり，その動的な関係性のなかで課題を解決したり新しい活動を生み出したりしていくようなマネジメントの仕組みである。

平成に生まれ令和の時代を生きる若い世代には，これまでの思考習慣でこれまでの延長の未来を惰性的になぞるのではなく，次の時代にふさわしい思考習慣を積極的にインストールし新しい社会を切り拓いていって欲しい。

6.5　地域を動かす小さいコミュニティプロジェクト

住民参加のまちづくり分野では，新しいものさしではかるのにふさわしい萌芽的な取り組みが全国で広がっている。〈おだやかな革命〉で紹介された石徹白や岡山県西粟倉村をはじめとして，筆者の関わりがある範囲でも，熊本県南小国町，長野県小布施町，島根県海士町など，経済だけに捉われない豊かさのものさしに沿って，エネルギーや人口の持続可能性に真正面から向き合った戦略を立案し，しかも地域内外の関係人口を通じてイノベーションを起こしていく意欲的な地域がいくつもある。

ここでは，筆者が発起人として関わる「おやまちプロジェクト」を紹介しよう（図6.1）。都市におけるコミュニティ形成を通じたまちづくりの取り組みとして，これからのローカルプロジェクトのあり方を示す好例である。

おやまちプロジェクトは，世田谷区尾山台地域を舞台に，地域住民，小中学校，商店，大学などさまざまな人たちが集まり，「学び」や「つながり」をキーワードに活動する小さなローカルプロジェクトである。

尾山台地域は世田谷区南部に位置し，昭和初期に開業した東急大井町線尾山台駅を中心に南北に走る商店街と碁盤の目に整備された静かな住宅街が特徴だ。目抜通りであるハッピーロー

図6.1　雑誌の表紙を飾ったおやまちプロジェクト（『ソトコト』2019年4月号，木楽舎）

ドは，1980年代に石畳の並木道が整備され，都内でも有数の良好な商店街である。商店街は4つの商店会から構成され，合計270店舗ほどが加盟。尾山台フェスティバルやまちゼミなどのイベントが活発に行われ，毎日16〜18時は歩行者天国となる。南側の環状8号線を越えた先に，東京都市大学世田谷キャンパスが立地，朝夕には多くの学生が行き来する。

おやまちプロジェクトは2016年の秋，尾山台商店街の若い理事であるタカノ用品店3代目店主の高野雄太さんと筆者との出会いからはじまる。高野さんは当時，徐々に昔ながらの店が減り次々とチェーン店に変わっていく商店街の現状に危機感を持ち，地元の大学と連携した取り組みを模索していた。地元の大学としてどのような連携が可能かを相談しながら，歩行者天国での「ホコ天ゼミ」（図6.2）やまちゼミ開講式での路上レクチャーなど小さな取り組みを開始した。そうした活動を聞きつけ興味を持った尾山台小学校の渡部理枝校長，おやじの会メンバーで慶應義塾大学大学院教授の神武直彦さんが尾山台小学校校長室で面会，この4人が発起人となって正式にプロジェクトがスタートした。2017年6月のことだった。

同年8月に「おやまちデザインプロジェクト」と題して，町内会や商店街の関係者や小学校のPTA関係者，学生などが集まり地域の未来を考えるワークショップを開催。その後，世田谷まちづくりファンド「キラ星応援コミュニティ部門」の助成を受けてプロジェクトが本格的に始動した。地域内外の専門的な知見を持っている人に話を聞きながらディスカッションをする「おやまちサロン」，地域の昔の写真を使用し子どもからお年寄りまでが参加できるワークショップ「お

6.5 地域を動かす小さいコミュニティプロジェクト

図 6.2 はじめての「ホコ天ゼミ」(2017 年 4 月)

図 6.3 ワークショップの様子(尾山台小学校の図書室にて,2018 年 3 月)

やまち今昔ものがたり」(図 6.3)など,地域を縁に様々な人が出会う場づくりを重ねてきた。2018 年には,歩行者天国をコミュニケーション空間にする「おやまちキャンプ」の試みから学生によるホコ天活動が始まり,商店街のワイン店で月 1 回開催する立ち飲みの「Bar おやまち」,地元保育園で開催する子ども食堂「おやまちカレー食堂」,2 か月間だけの期間限定の空き店舗活用「おやまちベース」など立て続けにさまざまな取り組みが生まれている。

商店街,小学校,大学と地域の異なるセクターに属する発起人が主導することで,それまでつながりのなかった人たちが垣根を越えて出会い,新しい活動が次々と生まれる契機となった。それまでにない新しい活動によって,さらに地域の多様な人がつながる機会が増えるという循環が起きている。

おやまちプロジェクトは小さなプロジェクトだが,今後のローカルなプロジェクトを考える上で有用な特徴を備えている。

まず,メンバーが流動的で多様な人々に開かれているということ。従来,地域おこしに取り組む組織は固定されたメンバーで継続的に活動するというスタイルが多かった。移住など人口の流動性が高くなった近年では,元気な地域は次々と「新キャラ」が現れ,入れ替わり立ち替わり活躍する。おやまちプロジェクトも,発起人以外のメンバーが個性を生かした活動を次々と始めている。またそれぞれ背景を異にする発起人が起点となり,学校や商店街関係者,大学を通じて集まってくる人など領域横断的にネットワークが広がっている。地域の人も多いがそれ以外にも開かれ,そこからイノベーションの起きる豊かな関係人口を形成している。

次に,未来志向的だということ。従来のものさしにとらわれず,30 年後にど

のようなまちに暮らしたいかをフラットに考えている。EC やシェアリングエコノミーが拡大していくなかで，暮らす人に必要な「商店街」とはどのようなものか。商業だけではないアクティビティが街路や店舗でどのように展開できるか。子どもも大人も学び合いながら成長できるまちとはどのようなものか。将来世代につながる持続的な視点で未来を描き，失敗を恐れず「とりあえずやってみる」気風がある。

最後に，楽しく主体的に参加できるということ。社会課題を解決するために力を合わせて努力することはもちろん重要だが，地域に参加する人の裾野を広げるためには，社会的な正しさだけでは不十分である。暮らしの小さな魅力に着目し，楽しさや生きがいを感じられる雰囲気が重要だ。

6.6 社会のシステムチェンジに向けて

いままさに，萌芽的なコミュニティプロジェクトが全国で成果を上げ始めている。とはいえ，まだまだ社会の考え方の主流は 20 世紀の「ダムのマインド」だ。しかし，それはコミュニティの取り組みの可能性を否定するものではない。社会システムのパラダイムシフトが起きる時，次の時代のシステムはまずイノベーターたちによる小さくマイナーな動きとして静かに始まる（図 6.4）。それが次第につながり始め，社会現象として広がり始める。そして，いつのまにかマジョリティが新しいシステムへ移行する。いま全国で進行するコミュニティのアクションをつなぎムーブメントを生み出すことも，重要なコミュニティマネジメントの 1 つといえるだろう。

経済合理性の追求やセキュリティの厳格化の結果，現代の都市空間における人々のアクティビティは空洞化し，市民の活力が失われてきた。歯車のようにシステムに動かされる無力で不機嫌な人々の集積としての都市から，一人ひとりの生のエネルギーが生き生きと動く都市へ。コミュニティプロジェクトのイノベーターたちの動きをつなぎ，新しい形のソーシャルキャピタルを醸成していくこと。そして，自分たちの力で自分たちの暮らしを，地域を変えていくコミュニティの力をエンパワメントすること。それが，都市のコミュニティマネジメントの本質だ。こうした一人ひとりの力を引き出していく，小さくともしなやかなコミュニティのプロジェクトが，いま社会にイノベーションを起こしつつある。

6.6 社会のシステムチェンジに向けて

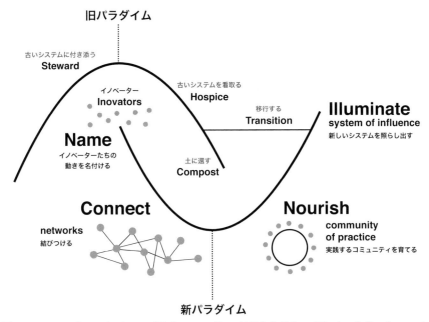

図 6.4 システムチェンジの2ループ図（スティルガー，2015 および Art of Hosting Online Community ウェブサイト（https://artofhosting.ning.com/forum/topics/two-loops-activity-notes）を参考に筆者作成）

参 考 文 献

[1] 饗庭 伸（2015）：都市をたたむ―人口減少時代をデザインする都市計画，花伝社．
[2] 平田オリザ（2016）：下り坂をそろそろと下る，講談社．
[3] 広井良典ほか編（2010）：コミュニティ―公共性・コモンズ・コミュニタリアニズム，勁草書房．
[4] 坂倉杏介（2018）：コミュニティとテクノロジーの共進化プラットフォーム―ウェルビーイング・ラボによる地域社会のアップデートに向けて．日本バーチャルリアリティ学会，日本バーチャルリアリティ学会誌，**23**（1）：26-29．
[5] 『ソトコト』2019 年 4 月号 特集：地域を動かすローカルプロジェクト，木楽舎．
[6] スティルガー，B. 著，野村恭彦監修，豊島瑞穂訳（2015）：未来が見えなくなったとき，僕たちは何を語ればいいのだろう―震災後日本の「コミュニティ再生」への挑戦，英治出版．
[7] 田中輝美（2017）：関係人口をつくる―定住でも交流でもないローカルイノベーション，木楽舎．
[8] 山崎 亮（2016）：縮充する日本―「参加」が創り出す人口減少社会の希望，PHP 研究所．

第7章　エリアマネジメントによる都市の公共空間マネジメント

〔坂井　文〕

7.1　公民連携のまちづくり

　公民連携のまちづくりがいわれて久しい。公共と民間が連携し民間の活力や技術を活かした公民連携のまちづくりは，パブリック・プライベート・パートナーシップ（PPP）として 1980 年代から米国や英国にて展開されてきた。英国ではその手法として PFI（プライベート・ファイナンス・イニシアティブ）や，わが国でいうところの指定管理者制度が設けられてきた。

　少子高齢社会に直面するわが国においても都市の持続可能な発展をめざす議論が進み，PFI や指定管理者制度の導入はもちろんのこと，より広義の公民連携による整備やマネジメントの手法が模索されている。これまでに整備された道路や公園等の公共施設が充実した成熟した都市環境を持続可能に発展させるために，都市全体のレベルからエリアや公共施設ごとにさまざまな公民連携の取組みが展開されている。

　これまでの自治体による都市計画行政においては，その公平性の観点から，特定の地域に限って特別に整備し管理運営することはなかなか難しかった。しかしながら，まちづくりには地域の特性を反映した地域固有の魅力の向上が求められている。少子高齢社会となったわが国の都市再生や地方創生を進めるうえでも，エリアの地域価値を高める独自の取組みにスポットが当たるようになってきた。

　また現在の都市は，国内の課題にとどまらず，グローバル社会における世界規模の都市間競争とも無縁ではいられない。都市はつまり，国内で，国外で選ばれるために，都市全体の魅力創造の戦略とともにエリアの再生による地域の活性化が求められている。

　経済の成長を支える都市の社会基盤の整備を行政中心に進め，民間の都市開発を行政がコントロールしながら都市を形成してきた都市の成長時代を経て，現在の成熟した都市においては，グローバル化に対応しながらも個別の都市の魅力を活かし，個々人のくらしの質（QOL, Quality of Life）を高め，健康的な都市生活を送ることが重要となっている。成熟期のわが国において多様な価値観を充足

するそれぞれの生活の質を高めるために，多数の人が共に住む場所である都市をどのようにつくり，育てていけばよいのか．

そうしたなか，豊かな都市生活を持続可能に展開していくために，これからの都市のつくり方や育て方を考えるなかで，エリアの価値を高めるための活動を展開するエリアマネジメントが形づくられてきた．

7.2　エリアマネジメントによる公共空間マネジメント

では実際，エリアマネジメントとはどのような活動なのだろうか？　具体的な事例として，札幌で行われている2つのエリアマネジメントを通して，さまざまなアプローチの一部を示してみたい．

1972年の札幌冬季オリンピック開催の際に進められた都市整備から数十年たち，札幌駅と大通公園を結ぶ駅前通り沿いに建設された当時の建築物は，更新期を迎えていた．2003年には札幌駅の駅ビルと業務・ホテル棟が開業し，札幌駅と従来からの商業中心地である大通エリアを結ぶ，駅前通りの地下歩行者空間の整備計画にも拍車がかかった．地下の歩行者空間の両脇には，広場空間として幅4mの細長い空間が壁に沿って設けられ，さまざまなイベントを行うことができるスペースが設けられた（図7.1）．

駅前通りの地上部分においても，都市開発によって整備された公開空地と道路を一体的に整備し，北三条広場という公共空間が創出された．北三条広場の先には，国の重要文化財にも指定されている赤レンガの建築が印象的な北海道庁旧本庁舎があり，多くの観光客が訪れる札幌のシンボル的な空間となっている（図7.2）．

図7.1　地下歩行者空間と両脇の広場空間

図7.2　北三条広場

こうした流れを札幌市や北海道庁と民間との公民連携で進めたのは，駅前通り沿いの地区計画の策定を通して生まれた協議会であり，のちの札幌駅前通まちづくり会社である．地下歩行者空間の広場空間と地上の北三条広場の管理運営を通して，まちづくり会社は駅前通りの賑わいをプロデュースしながらエリアの価値をつくり育てている．

他方，大通まちづくり会社は，駅前とは大きく特徴の異なる，大通公園と歓楽街で有名なすすきのの間の大通地区を対象にまちづくりを進めている．エリア内には狸小路を含む6の商店街が広がり，中小の業務・商業ビルが立ち並ぶが，その建物の更新がなかなか進まない状況があった（図7.3）．

つまり大通まちづくり会社のエリアマネジメントは，先の駅前通まちづくり会社と異なり，新たな都市開発計画や公共空間の整備といった機会が少なく，既存

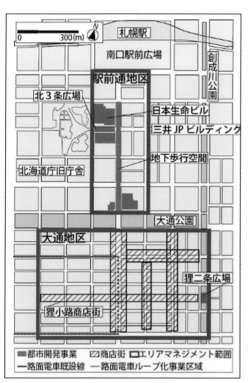

図7.3 札幌駅前通地区と大通地区

図7.4 すわろうテラス

図7.5 狸二条広場

の公共空間である歩道や道路を利用してまちの活性化をすすめてきた。具体的には，歩道の清掃活動から，歩行者天国やオープンカフェなどの歩道や道路を利用した活動であった。

こうした取組みの積み重ねは，都市再生法の改正によって位置づけられた都市再生整備推進法人の認定，第一号へとつながる。大通まちづくり会社が推進法人として最初に取り組んだのは，駅前通りから伸びる国道沿いの歩道に，食事や購買が可能な「すわろうテラス」を整備することであった（図 7.4）。通常，道路は一般交通のために利用されるのが原則であり設置に際しては許可が必要である。また道路交通法としても通行者の安全の観点から，歩道上に構造物を設置することは難しい。都市再生整備推進法人である大通まちづくり会社と国道の管理者である北海道開発局が都市利便増進協定を結ぶことによって，エリアの活性化のために歩道上に賑わいの場を設置することが可能となったのである。すわろうテラスは大通まちづくり会社によって管理運営され，大通地区の魅力の向上を図るための情報発信やイベントとの連携を積極的に行い，カフェや物販をはじめワークショップや企業プロモーションなど，さまざまに利用されている。

つまり，札幌の 2 つのエリアはそれぞれの地域資産を見極め，最大限に活用しているといえる。駅前通りエリアは，公共事業と都市開発の整備計画中に，空間計画のみならず整備後の公共空間の活用を想定した管理運営の仕組みを構築し，賑わいをプロデュースしながらエリアの価値をつくり育てている。対して大通エリアは，エリア内の既成の公共空間を活用しながら取組みを展開してきた実績から，都市再生整備推進法人となり，全国に先駆けて歩道上にまちの活性化に寄与する場をつくり新たな賑わいを創出している。どちらも，これまで通過する場所であった歩道や道路といった公共空間を，エリアの活性化に寄与する場所にするために，これまでの公共空間の管理に工夫を加えた新たな管理運営の手法を導き出したものである。

7.3　豊かな公共空間を公民連携でつくり育てる

わが国より一足先に公民連携まちづくりを進めている英米では，エリアの価値を高めるために公共空間を公民連携で再整備し，賑わいの核とするための独自の管理運営の手法が展開され活発に進んでいる。PFI や指定管理者制度を英国から学んだように，こうした先進事例から公民連携によって公共空間をつくり育てるこれからの方策が学べそうだ。

2012年にオリンピック・パラリンピックが開催されたロンドンでは，公共空間の再整備が進んだ。観光客が必ず立ち寄るロンドンの歓楽街としても有名なレスター・スクエアは，公園となっているスクエアを囲む柵のデザインと位置を変更し，公園内に入ることなく柵沿いに設けられた蛇行するベンチに座って休憩することが可能となった（図7.6）。入口付近には柵外にも植栽を施したベンチを設け，スクエアと歩道の舗装を合わせ，柵も明るい色の高さの低いものにすることによって，公園と歩道を一体的な空間に仕上げている。デザインによって公園を都市に開放しながらも，スクエア内の緑の環境は維持し，なにより多くの人が一休みする場所として大いに利用されている（図7.7）。再整備前の写真をみれば，レスター・スクエアの都市空間はデザインによって親しみやすい開放的な空間になったことがよくわかる（図7.8）。

こうした再整備を積極的に進めたのが，エリアの安全性や快適性を向上し地域の価値を高めるために組織された，周辺事業者によるニュー・ウエスト・エンドというBID組織であった。実は，ナイト観光の名所としても古くから人気があるレスター・スクエアのエリアは，その安全性や清潔な環境の確保が長年の課題であった。不特定の多くの人が集まる公共空間は，にぎわいを創出すると同時に，安全性や快適性が損なわれやすいと

図7.6 ロンドンのレスター・スクエア柵沿いの蛇行するベンチ

図7.7 レスター・スクエア入口の植栽を施したベンチ

図7.8 レスター・スクエアの再整備前の様子

いうリスクをはらむ。

BIDとは，ビジネス・インプルーブメント・ディストリクトの頭文字をとっ
た呼び名であり，米国ではじまった制度を2004年に英国に導入したものである。
エリア内の事業者にBID税を課し，その負担金をもとにエリア内の安全性や環
境性，また経済活動を高める取組みを行う。英国に導入されて10年足らずで，
ロンドンだけでも50近いBID組織が誕生した。

都市と都市の都市間競争のみならず，大都市内の地域間競争もあるなかで，エ
リアの魅力向上は事業者や土地所有者のみならず，行政にとっても取り組むべき
課題となっている。エリア内の道路や歩道，さらには公園といった公共施設と，
民有地の境界線を越えた整備や管理運営の連携を通して，エリアに賑わいをもた
らす取組みは欧州の国々や米国においても多くみられる。

7.4 公でも民でもない共による新たな公共

こうしたエリアマネジメントの活動をみてくると，民のつながりから公と連携
し取組みを進めてきたことがわかるが，それは公でも民でもない共による新たな
公共のあり方を提示しているとも捉えられる。

そもそも「公」の役割や「民」という主体の意味するところは，文化や時代に
よって変化する。これは，ロンドンの公共空間の歴史的形成についての研究を通
して私の視座となり，都市のあり方を考える根底に流れている視点でもある。ロ
ンドンの公共空間の歴史的形成についての研究は，都市の近代化とともに，特定
多数の共用空間から不特定多数の公共空間となったスクエアと呼ばれる都市広場
の変遷をたどりながら，近代都市における公共空間の整備と管理運営のシステム
の形成について考えたものだった。

19世紀半ばまでの英国では，力のある民や複数の民の共同等によって地域に
公的なサービスが提供され，さまざまな様態の公的な空間が蓄積されていた。都
市化によって都市の人口が急増し公共の空間整備が急がれるなか，地域自治体と
いう公共を形づくる組織が誕生し，都市の歴史の蓄積のうえに公共空間を形成し
管理するシステムを構築しながら近代都市は形成されてきた。同時期のわが国は，
封建国家から民主国家へと大きく変革し，それとともに都市の公共空間を整備し
管理運営する仕組みの土台が築かれた。

つまり近代都市の形成の過程で，それまでの文化や歴史を基盤にしながら，そ
れぞれの公共空間のあり方を形作る社会システムをつくりあげてきたといえる。

図7.9 ロンドンのトラファルガー・スクエアの再整備

図7.10 オールドマーケット・スクエア

言いかえれば，都市の公共空間をどのように整備し管理運営していくのかというシステムは，その文化圏や時代の公共が意味するところを具現化したものとも言える。つまり，その整備とその後の管理運営の仕組みは時代の背景や考え方とともに変化することも当然ある。

たとえば，20世紀の自動車の増加に対応した都市を形成する過程においては交通機能の効率が重要視され，機能的な都市の形成が目指された一方で，個々の文化・歴史の積み上げによる都市の表情が失われていった。多くの欧州の都市でかつての都市広場として人々が集った場所が，格好のまちなかの駐車場として利用されていたことからもわかる。

しかし現在，欧米の多くの都市が歩いて楽しい人のためのまちづくりに舵を切っている。低炭素社会に向けた環境への配慮から，自動車への依存から公共交通の充実が図られ，道路空間を人のための空間へと再整備する動きが進む（図7.9，図7.10）。また，地域の文化や歴史を継承しながら個性あるまちづくりが目指され，景観や地域資源を活用したまちづくりが進められている。グローバル社会においては，都市には多様性を包摂するための空間やサービスを提供することが求められており，インクルーシブ・デザインが注目されている。

そのすべての取組みの根底には，持続可能な発展を続けるために，いかに都市を形成しマネジメントしていくか，という問いがある。特にわが国の都市は，成熟期にあると同時に人口減少に直面し，持続可能な都市を縮小する人口でいかにマネジメントしていくのかが喫緊の課題である。

そんななかエリアマネジメントは，今日的な公でも民でもない共による新たな公共の一つのあり方として，都市空間の管理運営の担い手としても着目されてい

る。エリアが共用する公共空間の活用と同時に管理をいかに行うかは，エリアの対外的なイメージづくりに直結すると同時に，エリア内の価値の共有やコミュニティの醸成にもつながる。つまり，エリアをマネジメントする行為は，エリアをデザインしているともいえる。

7.5　エリアをデザインしマネジメントする

　具体的に「エリアをデザインする」を，エリアマネジメントの主要な活動から説明してみる。それは，エリアの課題を共有し，エリアのビジョンを描き，ガイドラインなどの地域ルールづくりを行う活動であり，エリアの関係者の共通の認識と目標を明らかにしながらその実効性を担保する方法を確立していくことである。これは，エリアの将来とその道筋であるマネジメントをデザインしているともいえる。マネジメントを着実に実行するためには，都市をつくる段階からその後の育てることを視野に入れた空間計画と管理運営体制を計画する必要があり，物理的な都市空間のあり方と，管理運営の体制や手法についてエリアの関係者の合意を図りながら形成していくこととなる。

　先の札幌のエリアマネジメントやレスター・スクエアに共通する点として，整備や再整備の計画段階において，空間計画のみならず整備後の管理運営のしくみをつくっていたことがあった。都市が成長する段階においては「つくる」ことが目的になることが多かったのに対して，持続可能な社会を構築していくうえでは都市を「育てる」ことを前提に「つくる」必要がある。

　これは，不特定多数の人が利用する公共空間のランドスケープデザインが，その場所がどのように利用されるのかという企画から始まり，想定したアクティビティが実際に誘発される場を出現させるための計画から考える必要があることと似ている。私自身のランドスケープのデザイン設計の実務経験からの実感でもあるが，明確な機能のある建築空間と異なり，不特定多数の人の利用する公共空間のデザインにおいては，利用のされ方と，その逆の管理運営の仕方そのものを，計画する際にデザインすることが重要である。明確な機能がない分，さまざまなケースを想定しながらどのような利用と運営を誘発したいかという計画コンセプトを明確にしたうえで，空間化することが求められている。またランドスケープデザインは植栽によるデザインの力も利用するが，植栽はまさに育てなくては力を発揮しない。都市空間で展開されるさまざまな人々のソーシャル・ライフを充実させるために，ランドスケープデザインに力を入れる都市開発が近年増えてい

ることからも伺えるが，ランドスケープデザインとエリアマネジメントの親和性の高さは，これからのエリアマネジメントの展開の一つになると考えている。

　機能のある都市基盤のうえに用途のある土地利用がなされ，秩序ある都市形成がされてきたなかで，エリアの価値を高める（または下げない）ために，エリアに関係する人や組織の絆によってエリアマネジメントが展開されている。エリアマネジメントは，これまでに形成してきた社会基盤のような社会資本の整備に続く，社会関係資本と呼ばれる人の関係性をもとにエリアや都市をマネジメントしていく必要性からも説明される。こうした「共」による身近なエリアの持続可能な発展に向けた取組みは，今後も展開されていくであろう。なぜなら，成熟した都市という一定水準を満たした都市空間のなかで，多様な価値観による都市生活の充実を図るとすれば，エリアごとの魅力創造はとるべき方向性の一つとなるからである。公でも民でもない共によるエリアのマネジメントは，確実に都市の魅力創造に向けたまちづくりの一翼を担っている。

参 考 文 献

［1］ 坂井　文，小出和郎編著（2014）：英国 CABE と建築デザイン・都市景観，鹿島出版会.
［2］ 坂井　文（2015）：ロンドン市のインクルーシブ・デザイン：ロンドンオリンピック会場整備に着目して．日本建築学会計画系論文集，**80**（709）：669-676.
［3］ 坂井　文（2017）：イギリスにおける都市開発にともなう公的貢献制度の変遷と運用実態．日本建築学会計画系論文集，**82**（739）：2343-2350.

第8章　不動産マネジメントとイノベーション

〔宇都正哲〕

8.1　都市のイノベーションを考える

　都市はその時々の時代要請によって，イノベーションを繰り返してきたといっていい。戦後の荒廃から復興を遂げ，世界的に誇れるメガシティを形成するまで，日本の都市は経済成長とともに拡大する都市のコントロールにさまざまなアイディアや仕組みを作り上げてきた。現在の日本の都市が安全，快適で効率的な市街地形成を行えたのは先人たちの努力と知恵の賜物であろう。では過去とこれからの将来を見通したなかで，今「都市のイノベーション」を考える意義は何であろうか？　まずはこの点について考えてみたい。

　都市を形成するのはもちろん人である。その点で人口動態は都市を形成する基盤ともいえよう。その意味で，これからの都市を取り巻く環境はこれまでと大きく変化する。図8.1は将来の人口推計をみたものである。世にはいろいろな推計があり，なかには外れるものも多い。しかし，人口推計は概ね合致する数少ない

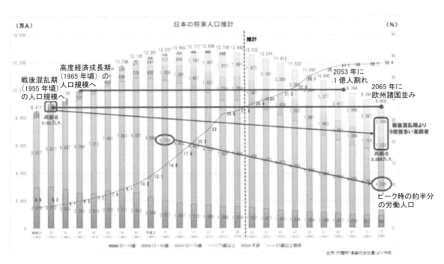

図8.1　日本の将来人口推計

推計の1つである。それを長期にみると愕然とするはずである。戦後から一貫して増加していた人口は,2010年の1.3億人をピークに減少に転じている。しかも,そのスピードは速く,2053年には1億人を割り,2065年には8,800万人まで異常な少子高齢化を伴って減少していくのである。しかも,それ以降に増加する気配は今のところない。日本の人口が1億人を超えたのは高度経済成長期の1965年頃であり,8,800万人は戦後の混乱がまだ続いている1955年頃である。そうするとその頃の都市の規模まで縮小していかざるをえないだろう。戦後からバブル経済まで拡大しきった日本の都市は,まさに大転換期を迎えているのである。人口が減るだけならまだいいが,問題は急激な少子高齢化を伴っていることだ。生産労働人口は,ピーク時(1995年)の8,700万人から4,500万人(2065年)と約半分になる。そうなると現状の経済規模を維持するには生産効率を約2倍に上げないといけない。これはかなりの産業革命を伴わないと達成できない水準である。しかも高齢化がそれに追い打ちをかけてくる。高齢者は3,400万人(2065年)と同じ人口規模であった1955年頃の約6倍強も多い。医療や介護などの問題を考えると,生産効率は2倍以上に上げないと追いつかないだろう。

　この状況は,都市にどのようなイノベーションを必要とするであろうか？　まずは一定の都市規模を維持しつつ適切なサイズまでの縮退をいかにスムーズに図るかということが喫緊の課題となろう。それだけではない,生産効率を上げるために都市も変わらなければならない。Society 5.0やAI,IoTを中心とした第四次産業革命を実現するためには,都市における人材集積のメリットを今まで以上に発揮しなければならないからだ。そのためには,まずは青図となる都市のデザインをどうするか,また少子高齢化社会でも豊かで生き甲斐のあるライフスタイルをどのように実現すべきか,さらにはそれを支える諸制度(しくみ)はどうあるべきか,最後にグローバル競争にも負けない都市をどうマネジメントしていくか,といった論点を考えていかなければならない。これは過去に経験がなく,海外に先例があるわけでもない。現世代のわれわれに突き付けられた大きな課題である。

　今,都市のイノベーションを考える意義とは,このような状況下をどう生き抜くかという重要なテーマなのである。

8.2　不動産におけるイノベーションとは

　不動産領域においても「イノベーション」が必要となっている。イノベーションはいつの時代でも重要であるが,人口減少,少子高齢化が始まったこの時点で

必要とされるイノベーションとは何であろうか？

　住宅の空き家が 800 万戸を超え，地方部における地価下落が続く一方で，都心部ではオフィスビルの再開発が進み，REIT（Real Estate Investment Trust）指数はリーマンショック前の過去最高水準まで上昇している。2020 年の東京オリンピックを控え，都心部を中心にオフィス市場は非常に堅調に推移している。ただ，これは将来にわたって楽観できる状況ではない。進行している人口減少と少子高齢化は長期にわたってボディーブローのように効いてくる。2008 年から人口減少が始まっており，すでに 10 年以上経過をしている。これから先はどうなるのであろうか。

　一般的に人口減少は不動産市場にはマイナスのイメージがある。しかし，それは本当であろうか？　逆にチャンスはないのだろうか。

　人口減少下における不動産市場の一般的な認識としては以下のような指摘がある。

・人口が減少すると住宅が余り，賃料低下，空室や空き家が増大するのではないか
・オフィスにしても就業者が減少するので需要が減退するのではないか
・大都市はいいとしても地方は壊滅的な打撃を受けるのではないか
・不動産市場に投資するのは止めた方がいいのではないか　　　等

　これらの認識が正しいのか，間違っているのか。人口減少下にある日本の不動産市場の現実をみていき，これから必要となるイノベーションについて考えていくことにしたい。

8.3　人口減少下における不動産投資市場

　まず，不動産投資市場についてみてみる。不動産市場ではなく，「不動産投資市場」としているのは，収益不動産に限定しているという意味である。不動産市場全体でみると経済合理性のない動きも包含してしまうため，人口減少下における不動産市場のベクトルをみるためには，不動産投資市場に着目したほうが正しい理解が得られる。

　不動産投資市場は年間 4 兆円規模。オフィス，住宅，商業，物流で約 80％を占める。近年，インバウンド増加によるホテルが台頭してきている。リーマンショック後は低迷したが，ここ数年は約 4 〜 5 兆円の投資規模まで回復している。不動産投資市場の全体をみると，オフィスが約 40％，住宅，商業，物流が

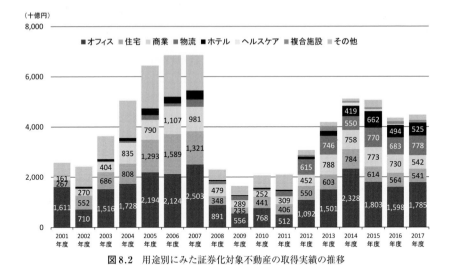

図 8.2 用途別にみた証券化対象不動産の取得実績の推移

約 15％ずつという構成である。近年ではインバウンドの急激な増加などによって，ホテル投資も主たる用途の 1 つとして定着しつつある（図 8.2，8.3）。

人口減少が進行しつつある日本で不動産投資市場がこのように活況を呈しているのは，なぜだろうか。その鍵となるのは，実は金利動向である。キャップレートは低下傾向が継続し，オフィスと商業は 3％台，住宅，物流施設，ホテルは 4％台で安定している（図 8.4（a））。

一方，イールドギャップは国債利回りが異常に低いため（0.15％程度），3～5％と比較的高い水準で推移しており（図 8.4

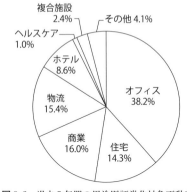

図 8.3 過去 5 年間の用途別証券化対象不動産の取得実績（国土交通省「不動産証券化の実態調査」より作成）

注：2001 年以降は TMK の実物にかかる証券化について，用途が不明のため含まない。

（b）），グローバルでみると日本の不動産投資は利回りが高いのである。そのため，グローバルマネーが日本の不動産投資市場に流入してくる。これが REIT 指数などを押し上げている要因である。不動産投資市場では，不動産自体の実需に加えて，金利など金融市場の動向が大きな影響を与える市場へと変化しているの

8.3 人口減少下における不動産投資市場

(a) アセットクラス別キャップレート

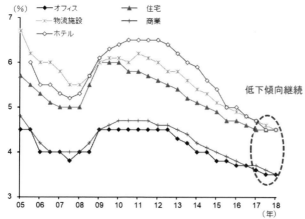

(b) アセットクラス別イールドギャップ

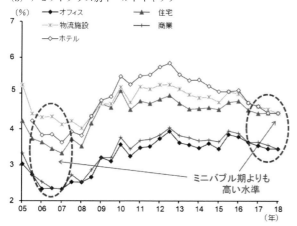

図 8.4 アセットクラス別 (a) キャップレートおよび (b) イールドギャップ（日本不動産研究所「不動産投資家調査」より作成）

注：各年4・10月調査。イールドギャップはキャップレート—10年国債利回り。想定物件は次の通り…オフィスは丸の内・大手町地区のAクラスビル，住宅は東京城南地区のワンルーム，物流施設は東京湾岸部のマルチテナントタイプ，商業は銀座地区の高級専門店，ホテルは東京の主要駅周辺物件。

である。

8.3.1 オフィス市場の動向

　日本のオフィス市場は，東京都区部が延床ベースで 61％のシェアを持つ（図 8.5 上）。都区部のなかでも主要オフィスは，千代田区・中央区・港区・渋谷区・新宿区の都心5区に集積している。地図で確認すると，およそ 5 km 四方という非

第8章 不動産マネジメントとイノベーション

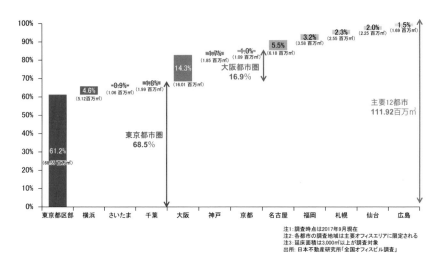

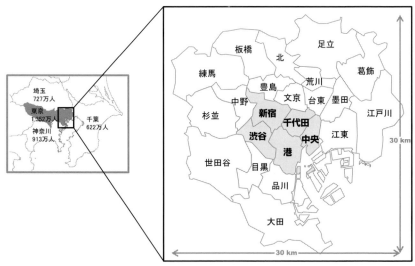

図8.5 賃貸オフィスビルの地域別シェア
上：全国，下：東京都区部。

常に狭いエリアに集中しており（図8.5下），日本のオフィス市場は，この都心5区のオフィス動向がカギを握っているのである。

オフィス賃料は2013年ごろから上昇局面に入り，都心5区（千代田区，中央区，

港区，新宿区，渋谷区）のいずれの区でも賃料は上昇している（図8.6）。なかでも千代田区，港区，渋谷区が2万円／坪・月程度まで上昇している。一方，地方オフィス市場の賃料水準は微減の傾向が続いており（図8.7），人口減少→就業者の減少→オフィス需要の低下といったサイクルが影響していると考えられる。

都心5区は上昇基調である一方，地方のオフィス市場は微減傾向である。都心はいいが地方は苦戦しており，人口減少の影響が地方部のオフィス市場に負の影響を与えている。

8.3.2 住宅市場の動向

住宅市場のメインは，持家である分譲戸建てと分譲マンションであり，全体の6割を占める（図8.8（a））。一方で，

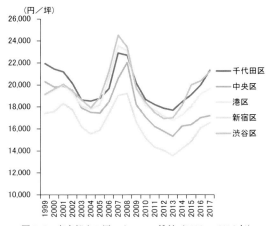

図8.6 東京都心5区のオフィス賃料（1999〜2016年）

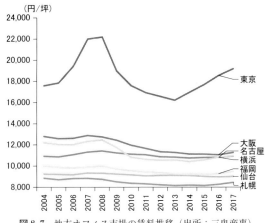

図8.7 地方オフィス市場の賃料推移（出所：三鬼商事）

賃貸マンション（民営借家・共同住宅（非木造））に居住する世帯は，1988年は334万世帯（全世帯の約9％）であったが，2013年には約3.3倍の996万世帯（全世帯の約20％）まで増加している（図8.8（b））。

すなわち日本における住宅市場の主軸は，戦後から一貫して分譲事業（戸建て，マンション）であり，市場全体の2/3を占めている。近年では賃貸マンションのウェイトが上昇してきており，市場全体の2割を占め，無視できない存在となっている。

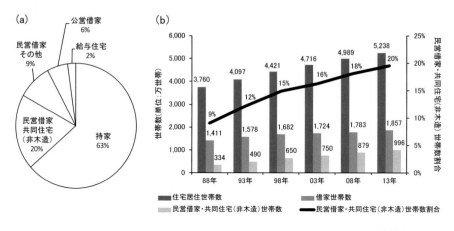

図 8.8 （a）全世帯の居住形態割合（2013年）と（b）1988～2013年における居住形態別世帯数の変化

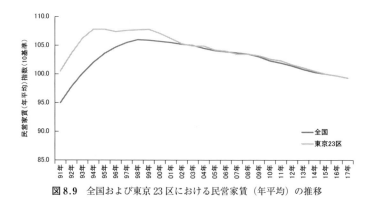

図 8.9　全国および東京23区における民営家賃（年平均）の推移

　そこで賃貸マンションの動向を図8.9でみると，賃料水準は全国的に見ても低下傾向にある。これは東京23区でも同様な傾向となっている。一方で，比較的中・高額な賃貸マンションが多い，REIT組入物件のみを図8.10でみてみると東京都心3区，23区ともに微増傾向にある。また，名古屋，大阪，福岡といった地方大都市圏においてもほぼ横ばいで推移している。

　賃貸マンション市場は，中・高額物件は賃料が上昇ないし横ばいで維持できているが，それ以外は人口減少に伴う賃料低下に歯止めが掛からない状況にある。

8.3.3 商業施設の動向

東京圏でみても，賃料水準を高く維持できているのは，銀座，表参道，新宿の3エリアのみであり（図8.11），商業エリアの集約が進んでいる。この3エリアは丸の内オフィスの約2倍の賃料水準と非常に高い商業ブランドを維持している。一方，大阪圏，名古屋圏はほぼ横ばいで，賃料水準は2～3万円／坪・月程度で変わらない。

リーマンショック以前まで

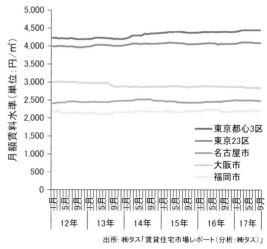

図8.10 REIT組入物件・私募ファンド物件の月額賃料水準の変化

は堅調だった郊外における大規模小売店舗の新設は急減しており（図8.12），商業は都心集約の傾向にある。Amazonなどに代表されるeコマース拡大による購買行動の変化により，街やエリア自体に集客力のあるエリアは生き残るが，それ以外は低迷を余儀なくされている。

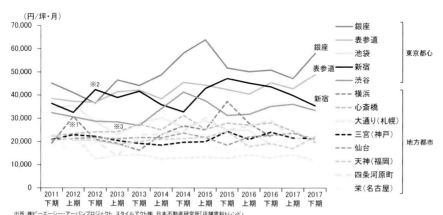

図8.11 主要繁華街13エリアの1F賃料ランキング（円／坪・月）

74　第 8 章　不動産マネジメントとイノベーション

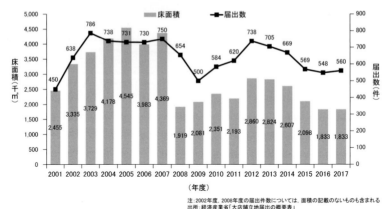

図 8.12　国内の大規模小売店の新設届出件数，床面積の推移

8.3.4　物流施設の動向

　物流量の小ロット化の進展が顕著であり，これが物流量の拡大に寄与している。今や全体の 8 割が 100 kg 未満の小ロット物流ニーズに支えられている。この背景には e コマースによる宅配ニーズ増大の影響が大きい。物流量の増大に対応するため，東京圏では図 8.13 に示すように 3 環状道路や湾岸エリアを中心に物流

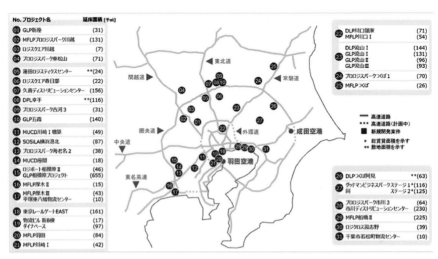

図 8.13　物流施設の新規立地計画

施設の新設計画が相次いでいる。

このように物流施設は，eコマース台頭による小ロット化による物流量の増大が顕著であり，人口減少下でも新設計画が相次ぎ，活況を呈している。

8.3.5 ホテル施設の動向

訪日外国人数は円安やビザ緩和を受けて急増し，2016年には約2,400万人に達している（図8.14）。2030年には2倍の約5,000万人まで拡大する見込みである。訪日客の増加に伴い，ビジネスホテルの宿泊者数が増加傾向にある（図8.15）。ホテルはインバウンド需要の取込みが鍵を握っている。

8.4 人口減少が不動産市場に与える影響

これまでアセットクラスごとに人口減少がどのように不動産市場に影響しているのかをみてきたが，ここでそれらを整理してみたい（表8.1）。結論からいうと，人口減少が不動産市場に与える影響としては住宅市場が最も大きく，次いでオフィス市場といえる。一方で，商業施設，物流施設，ホテルは人口減少というよりは別な要因のほうが大きく影響しているといえる。

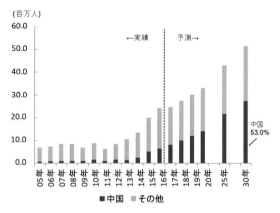

図8.14 訪日外国人客数の推移（発地国別・中位シナリオ*）

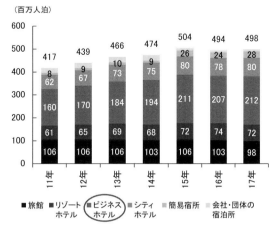

図8.15 国内のべ宿泊数の推移（宿泊施設タイプ別）

表8.1 人口構造変化が不動産市場に与える影響の考察

	内　容	人口減少の影響
オフィス	・オフィス市場は都心5区に集中しており，このエリアの市況は好調。これをいかに継続させるかがキーとなる ・ただし，就業者減少による地方部のオフィスは地方中枢都市でも横ばい。その他は低迷	○
住　宅	・住宅市場のメインは分譲（戸建て，マンション）であるが，これは人口減少の影響をもろに受ける。ここでは居住選択行動の変化にあわせた戦略がキーとなる ・近年増加している賃貸マンションは，中・高額物件は堅調だが，それ以外は低迷	◎
商　業	・eコマースの台頭による購買行動の変化により郊外型大規模小売店舗は減少傾向 ・一方，大都市の町・エリア自体に集客力のある商業ビルはオフィスよりも堅調であり，街の魅力を維持できるかどうかがキーとなる	△
物　流	・eコマースの台頭による物流量の増加と小ロット化が進展。今や8割の物流需要を小ロットが占める ・今後もeコマース市場は成長していくことが見通され，人口減少よりもeコマースの動向がキーとなる	×
ホテル	・訪日外国人の増加によるビジネスホテル需要が増加 ・今後もインバウンドは増加が見込まれ，人口減少の影響よりもインバウンド需要の取り込みがキーとなる	×

　住宅市場は，人口減少が住宅需要の減退にダイレクトに影響していることから，人口減少の激しい地方部では空き家発生，地価下落など，想像通りの負の影響が出ている。ただ，都心部では中・高額物件の分譲マンションや賃貸マンションは堅調であり，人口が減少している局面でも共働き世帯の増加が都心部の住宅需要をけん引している。

　オフィス市場は，そもそも日本の主要オフィスがかなり狭い都心5区のCBD（Central Business District）エリアに集中しているという構造的な側面があり，人口減少下においても堅調に推移している。ただし，地方部におけるオフィス需要は厳しく，地方中枢都市レベルでも横ばいを維持するのが精一杯の状況にある。

　商業施設は，エリアごとの生き残り競争が激化してきている。4,000万人を抱える東京大都市圏の消費市場においても堅調に推移しているのは，銀座，表参道，新宿の3エリアのみであり，eコマースの台頭で単なる買い物であればわざわざ商業地に行く必要はなく，その場所で意味ある時間消費ができる魅力があるかどうかが重要な要素となってきている。物流施設は，人口減少下でも活況を呈して

いる。その要因はeコマースによる小ロット物流ニーズの増大である。小売市場におけるeコマースの占める割合は，まだ1割未満であるため，今後も物流需要は増大することが見込まれている。最後にホテルであるが，これは訪日外国人の動向に大きく依存している構図となっている。インバウンドが増大していくのであれば，人口減少下でもビジネスホテルを中心に需要が高まることが予見される。

このように人口減少が不動産市場に与える影響を考察すると，住宅やオフィスのように世帯人口や就業人口の減少が市場を低迷させるリスクがあるアセットクラスがある一方で，人口減少ではなく，eコマースの進展による物流需要増大，あるいは買い物消費より時間消費（いわゆるコト消費）への価値観の変容による商業エリア間の競争激化，訪日外国人のインバウンド増加といった別な要素が大きい商業や物流，ホテルといったアセットクラスがある。

いずれにしてもこれまでのトレンドや延長線上ではなく，人口，世帯，就業者といった人口構造以外にも新しい技術やビジネスモデル，価値観の変化，グローバル化といった外部環境の変化に対応するイノベーションが必要となっていることは確かである。すなわち，不動産は物理的なハコモノの提供だけでは競争力を持たなくなってきており，住宅は住むことに付随する"住"サービスを含めた魅力づけが必要である。また商業は，"時間"を楽しむ空間サービスづくり。オフィスは，知的生産を支える創造的空間サービスの提供といった新しい価値提供が求められる社会に突入しているのである。

8.5　不動産領域におけるイノベーションの方向性

最後に不動産領域におけるイノベーションの方向性について議論したい。これまでみてきたように人口減少，グローバル化，技術革新，ビジネスモデルの変化などに不動産ビジネスも対応しなければならない状況になっている。では，どのような対応が必要になっているのであろうか。ここでは将来におけるイノベーションの方向性について整理しておく（表8.2）。将来のトレンドとケーススタディ，企業との情報交換などをベースに考えると，以下のようなイノベーションが不動産市場において起きており，そのキーワードは今後のビジネス機会を捉えているともいえる。

まずは，将来における都市・インフラのトレンドであるが，大きく3つある。1つは都市形状の変化であり，人口減少とともに都市はコンパクト化していく。また，そのなかで新しいニーズに対応すべく，都市機能や不動産はリノベーショ

表 8.2 将来におけるイノベーションの方向性

将来における 都市・インフラのトレンド	イノベーション のキーワード	萌芽事例
都市形状の変化 　コンパクト化 　ストック活用／遊休資産の活用	①リノベーション ②遊休資産活用	・リノベーションビジネス ・地方空き家のマッチングビジネス
都市再生とインフラ更新の連携 　異業種との連携 　エネルギーと不動産の融合	③インフラ事業参入 ④電力×住宅事業	・空港，鉄道事業への参入ビジネス ・一括受電サービスを付加したビジネス
サービス 　不動産のサービス産業化 　建物より街の魅力重視／共働き・ 　高齢者向けのサービスの充実	⑤都市内サービス ⑥シェアリング	・生活支援サービスのビジネス ・カーシェア，サイクルシェアのビジネス

ンを継続していくことが求められる。また，これまでの建築ストックを有効活用する遊休資産活用も重要なテーマとなろう。そこで都市部を中心としたリノベーションビジネスや遊休資産を活用するためのマッチングビジネスが萌芽してきている。

　2つめは都市再生とインフラ更新の連携であり，これまで異業種であった不動産業界とインフラ業界の緩やかな融合が進んでいる。たとえば，インフラ事業の民間参入においては空港コンセッションにデベロッパが参入したり，マンションに一括受電サービスを付帯してエネルギーと住宅をセットにした商品が出てきたりしている。空港ビルはデベロッパからみると商業ビルであり，これまでのノウハウが十分に生かせる。また，異業種と連携して安価なエネルギーサービスといった新しい付加価値を提供する方向へ舵を切っている。

　3つめは不動産業界のサービス産業化である。不動産もハコモノだけを作って売ればいい時代ではなくなり，職住遊などライフスタイルの各場面で必要とするサービスを提供し，不動産だけで収益を賄うのではなく，ロングライフでサービス事業を拡充していく動きである。特に都市のコンパクト化の進展で都市内人口密度は以前よりも高くなり，しかも共働き世帯が増加している。そうなると都市生活の生活支援サービスに対する需要が高まり，移動・食事・医療・介護・子育てといった日常生活に直結したサービスを行うビジネスが台頭してきている。代表例がシェアリングビジネスであり，都市内における移動を容易にマッチングするプラットフォームを提供している Uber や住宅に医療・介護サービスを付加し

8.5 不動産領域におけるイノベーションの方向性　79

た CCRC（Continuing Care Retirement Community）の増加などである。

　これからの将来，不動産領域におけるイノベーションは進化しつづけるであろう。これまで述べてきた内容は，すべて 2020 年を前にした段階で描いたシナリオである。これが 5 年後，10 年後も同じであるとは思えない。むしろ違う部分が多く出てきているほうが自然であろう。その将来からみると，5 年前はこのように見えていたのかと振り返りになるとともに，変化の方向性を考える参考ともなろう。不動産領域のイノベーションは永遠に続く道のりでもある。その時々の要請をうまく吸い上げて，日本の成長に寄与していくことを期待している。

参 考 文 献
［1］ 野村総合研究所（2018）：日本の不動産投資市場 2018. https://www.nri.com/
［2］ 宇都正哲（2012）：人口減少下におけるインフラ整備を考える視点. 日本不動産学会誌，**25**（4）：43-49.
［3］ 宇都正哲，植村哲士，北詰恵一，浅見泰司編（2013）：人口減少下のインフラ整備，東京大学出版会.
［4］ 宇都正哲（2014）：インフラ老朽化の観点から東京に関して. 都市住宅学，No.87，pp.14-17.
［5］ 宇都正哲(2018)：人口減少とインフラの課題から環境リスクを考える. 保健医療科学，**67**(3)：306-312.
［6］ 不動産マネジメント研究室 HP. http://sites.google.com/site/masaakiuto/

第9章　豊かな都市生活を創造する―建築・都市開発イノベーション

〔山根　格〕

9.1　ICT 新時代 建築・都市開発の新しい役割は―生活の豊かさを創造すること

　世界中の人が自由自在にネットワークでつながる時代を迎えている。既存の枠組みを越え，ICT，MaaS などの技術革新を活用し世の中をアップデートしていく業態のみが生き残る時代が目前に来ている。AI 技術が進み，単純労働だけではなく，あらゆる分野で膨大な情報収集やその処理・分析・ディレクションが瞬時に行われることになるだろう。2045 年にはシンギュラリティが起こると予測されている。それらを総合して ICT 新時代というのであれば，逆説的であるが，情報技術や科学技術中心ではなく，それを活用し，「創造的な活動を行う人間中心の時代」ともいえるのではないだろうか。グーグルの未来予測（『第五の権力―Google には見えている未来』）でも，デジタル新時代はテクノロジーではなく「人間」の時代になると記されている。

　建築・都市開発の新しい役割は，金融工学に基づく，確立したブランドの適用，既存ビジネスモデルの組み合わせ，組織中心社会の消費活動の場を提供という概念から脱却し，「人間らしい生活の豊かさと楽しさを企画・提案・実行」し，「多様な価値観が共存する新しい文明を創造する」ことに進むべきであろう。

9.1.1　建築・都市開発の目的と意義　社会的価値と経済的価値の両立

　建築・都市開発の経済的価値は主に以下の 3 つである。まずは，不動産事業として，開発利益を確保し，長期的あるいは短期的な収益事業，期間限定収益事業により，投資家，開発事業者，経営者，運営者をはじめ，すべてのステークホルダーが事業計画で設定した以上の利益を得ることである。次にアセット・資産保有として，最後に企業・企業グループのブランド力の構築と展開としての価値創造である。

　しかし，それと同時に，建築・都市開発により，新たな都市景観，都市空間，デザイン，文化，交流，賑わい，サービス，機能が新たに生み出されるわけで，社会的価値の創造がもう一つの目的と意義であることは疑う余地もない。

表 9.1 社会的価値

①魅力的なあるいは調和した都市景観を構築する
②豊かな都市空間を創造する
③都市・地域の魅力を向上させる
④街づくり・街育ての拠点となる
⑤賑わい，観光，文化・情報発信，交通の拠点となる
⑥新しい雇用を生み，新規ビジネスの創造発信を行う
⑦新しいコミュニティの場と機会を提供する

9.1.2　街の持続的発展のために建築・都市開発で考えるべきこと

Amazon やアリババといった e-commerce が効率的で網羅的な新しい消費行動を開拓し，加速度的に売り上げを伸ばし，凡庸な商業施設からは客とテナントが去る。WeWork を筆頭にしたシェアオフィスの台頭，Ace Hotel が提起して以来ホテルのパブリックスペースがワークやミーティングの場になり，Wi-Fi,Skype などの充実で，働く場所は，効率より快適性とライフスタイル適合性で選択される。高額家賃を払って箱しか提供しない高層オフィスを借りる意味が希薄になる。自動運転社会がやってくると，車が住宅やオフィスあるいはホテルにとって代わるかもしれない。働く，楽しむ，住む，泊まる，動くにそれぞれ適切なボリュームの箱を与え，その組み合わせと配分を考えることから，それらをハイブリッドした新しい価値観を創造することへのシフトチェンジだ。

更には，既存の街で醸成されてきた，公共空間，交通施設，歴史的資産，社会資本などのストックとハード・ソフト両面で連携し，時にはそれらに新しい役割を与え，都市全体を活性化していくことが重要になる。

表 9.2 街の持続的発展のポイント

①働く・楽しむ・住む・泊まる・動くがボーダレスにワークする ICT
　プラットフォームと空間ネットワーク整備
②新しい考え方の公共空間の創造と運営
③歴史的資産や社会資本の再構築
④地域価値との連携・連鎖・発展　既存ストックと連携した運営
⑤楽しい交流と体験の継続的な創出
⑥安心・安全の社会実験と実装
⑦都市交通の新しい考え方の提示

9.1.3 建築・都市開発のビジネス手法も次のステージへ

建築・都市開発のビジネス手法も次のステージに進む必要がある。特に，事業収支の組み立てにおいて，長く用いられてきた，IRR，NOI 等による初期投資と運営収支の関係式で解いていく自己完結的収益性指標から，事業の地域価値への貢献によってもたらされる地域価値向上が事業性に再反映されるという長期的複合的な事業性の図式を，より客観的で可視化された関係式の構築により証明することが今後の最大の課題と言えるだろう。様々なタイプのステークホルダーとの合意形成が可能なレベルの関係式が構築できれば，建築・都市開発における次のステージの扉が大きく開くことになる。

また，不動産価値が特別に高い都心以外の場所での，容積の最大化などの規模と効率の追求から，企画段階実行段階の適切で創造的なプロジェクトマネジメントによる価値の最大化が，事業成功のポイントになる。

```
【今までの建築・都市開発】        【これからの建築・都市開発】

既存の業務の枠組みの応用     1.  未来の希望につながる実験

既存のビジネスの手札の活用   2.  新ビジネスの発明と適用

容積の最大化などの規模と     3.  プロジェクトマネジメントによる
    効率の追求                    価値創造

NOI, IRR による内部完結型    4.  収益性＋地域価値への貢献による
    収益性指標                    長期的複合的収益性指標

既存の技術の適用             5.  技術革新によるソリューション

企業，組織，グループ中心     6.  パートナーシップ，アライアンス
```

図 9.1　建築・都市開発のビジネス手法の今とこれから

9.2　建築・都市開発イノベーション—6 つのキーイッシュー

建築・都市開発のイノベーションとは，都市と，そこで働き，住まい，楽しむ人々に，提供すべき新しい価値を構築することである。グローバルスタンダード型ビジネスと，成長を前提とした経済活動を軸に組み立てられた，業務・居住・購買・宿泊などの機能を満たす場の集合体から，より精神的な豊かさ，人と人との新たな繋がり，歴史や文化へのリスペクトに根ざした，「楽しみを創造し，豊かさや充実感を感じさせ，時には刺激的な交流や経験を提供する場と機会」という「都市生活を提案する場」へと舵を切るということだ。

人々の消費行動は大きな転換期にある。価値観とライフスタイルの基軸が，所

9.2 建築・都市開発イノベーション―6つのキーイッシュー　　83

有するという事から必要な時に賢く利用するという風に確実に変化してきている。モノを工場で生産し，バイヤーや商社が調達し，SCで売るという生産＞物流＞消費の一方通行構造から，情報ネットワークを通じて，個人と個人，個人と企業が繋がり，モノやサービスの共有が進む。Airbnb, uber, rent the runwayなどシェアリング・エコノミー・ビジネスはすでに社会のメジャーインフラになりつつある。「個人財産と社会資本のボーダレス化」である。その先にあるのは，会社・組織中心から個人の繋がりが社会を動かすということであろう。こういった社会構造の変化にあわせて，建築・都市開発は，「ビジネス，文化情報発信，様々な人の交流のプラットフォーム」「人々の新しいライフスタイルを創造・先導するインターフェイス」になっていくべきと考える。そのための，キーになる6つの具体的なテーマとその概要を俯瞰的に考察していきたい。

【6つのキーイッシュー】
　①都市生活のコンパクト化と次世代複合開発
　②新しい考え方の公共空間の創造と運営
　③"Quality of Mobility"の構築
　④地域活性化とリージョナル・シェアリングエコノミー
　⑤インバウンド6,000万人時代のホスピタリティビジネス
　⑥スポーツ・デスティネーション

9.2.1　都市生活のコンパクト化と次世代複合開発

はじめに，建築・都市開発における複合開発のメリットを再度整理しておく。
　複合開発を構成する主要な用途機能は，オフィス，住宅，商業，ホテル，文化，エンターテイメント，スポーツ，医療，宗教，教育，交通，そして公共空間である。建築・都市開発では最適用途機能の複合を考えるわけだが，その決定要因は，立地・マーケット，事業収支，開発規模，開発グレード，用途配分，開発手法，基本理念・ブランド戦略，開発主体の特性，経済環境である。

表9.3　建築・都市開発における複合開発のメリット

複合することによる総合的な事業上のメリット	運営上の複合のメリット
①用途機能による低層部と高層部の収益性の属性	①昼夜間人口・休平日の人口の平準化し業務機能と賑わいの両立
②公共貢献による容積割り増し	②エネルギー供給の効率化，エネルギー需給の平準化
③安定した収益性と集客・開発の顔の両立	③防災機能の強化
④駐車場，各種インフラの共通化・効率化	④一体的運営によるサービスの効率化・高度化

都市はより小さな単位の集合体ごとに都市生活の課題の解決を図るという方向に向かっている。成長期の都市は，郊外に肥大し，都市計画で地域ごとに用途や制限を定め，居住地，商業地，ビジネス地区，工場生産地区，港湾物流地区などを設定し，大きな都市全体での役割分担を模索してきたが，現在では，人が中間交通や徒歩などで回れる程度のより小さな地域に，その地域の特性に合わせて，都市機能，交通システム，そして公園や広場や水辺などの公共空間を有機的に効率よく複合させながら更新していくという考え方にシフトしてきている。

その上での次世代複合開発の基本概念は，歩行者優先空間，LRTなどの中間交通，豊かな公共空間，ローカルファーストの考え方，ローカル環境や景観との共生，新しい地域コミュニティなどであり，それらを実現可能とするのがICTプラットフォームである。様々なビジネスの交流と創発が行われるオフィス機能，消費行動の核となる商業機能，ビジネスや観光の拠点となるホテル機能，楽しみを提供する文化・エンターテイメント・スポーツ機能，安全に豊かに暮らすための長期短期・多世代のための多様な居住機能，そしてサービス機能が手を携えて，役割分担をしつつ複合することによって，街や街区全体の魅力を向上させ，様々な人が昼夜平日休日を問わず集まって，多様な生活行動を喚起する状況を創りだしていくということである。また，複合することによって，アトリウム，屋外屋上広場，フットパスのような豊かな公共的都市空間を集約して生み出せる可能性が高まり，それらは地域や都市の顔となるアイデンティティのある空間となるであろう。

表9.4 新しい知恵と技術適用が不可欠な次世代複合開発のテーマ

①官と民，民と民のボーダレスの創造と運営
②エリアマネジメント拠点，地域との新しいソーシャルコミュニティの形成
③自動運転時代の都市交通インフラとの複合
④有形・無形の歴史的資産や産業遺産など社会資本との複合による，歴史的価値の
　再生と都市インフラの再創造
⑤エリア全体の環境とエネルギーの先進的な利用のソリューション，エネルギーの
　地域での自給自足化，都市のエネルギー供給ネットワーク

『次世代複合開発は　新しいデザイン・マネジメント・技術を統合活用したビジネス，空間，交流，運営のプラットフォームの構築』

9.2.2 新しい考え方の公共空間の創造と運営

　既成概念を超えた新しい公共空間の創造が世界中ではじまっている。2019 年開業予定の渋谷スクランブルスクエアは約 230 m 上空に体験型屋上庭園が誕生する。サンフランシスコ SOMA 地区に計画された TOD トランジットセンターは，道路上に多層の複合交通施設を創り，長さ 440 m，幅 50 m の空中公園がその屋上に出現した。ハイラインを成功させたニューヨークは，今度は路面電車の車庫として使われていた地下スペースを改造し，ローラインと名づけた地下公園を，また，グリーンラインはセントラル・パークからユニオン・スクエアまでを歩行者天国にするという構想である。公開空地時代の路面一辺倒からうって変って，地下，屋上，駅，道路と道路上空，歩道，線路と線路上，空ビルや空き家の中，官民，民民の境界を乗り越え，発想の転換次第で新しい公共空間はどこにでも創造できる。また，規模についても，必ずしも大空間集約のみが正解ではなく，それぞれ個性の光る大中小様々な公共空間が都市に分散することが望まれる。

　公共資産・公共空間の運営も新時代を迎えている。2003 年地方自治法が一部改正され，公共施設の管理方法が，管理委託制度から指定管理者制度に移行した。公共施設の管理運営が民間事業者，NPO 法人などにも可能になり，施設の使用許可や料金設定，利用料を収入にすることも可能になった。成功事例も続々登場している。近鉄不動産が指定管理者として天王寺公園は，「てんしば」という名で文化観光拠点の形成が進み，来場者は 4 倍になったと聞く。近鉄グループとしては「あべのハルカス」との相乗効果もあるようだ。

　コンセッションは内閣府民間資金等活用事業推進室が主導する政策で，空港などの公共施設について，所有権を公共主体が有したまま，運営権を民間事業者に移す方式である。民間事業による安定的で自由度の高い運営が可能で，利用者ニーズを反映した質の高いサービスが提供可能である。公共空間や公共施設での，民間のノウハウの導入によるサービス向上と経費節減は世界の潮流である。

　アメリカで成功している BID（Business improvement district）は，区域内の不動産所有者から負担金（税金）を一定額徴収して，その資金を直接地域の活性化に活用する制度で，自らの地区を自らの責任で発展させていくというボトムアップ方式の好例である。導入の機は熟している。

　そして，今後の建築・都市開発の展開で期待されることは，BID のような資金循環の仕組みを都市や地域のニーズに合わせて導入し，公共空間を様々な事業者や公共や地域住民がみんなで創りみんなで使うような仕組みを考えることであ

る。公共空間での活動がスマートフォンのアプリのように，地域を中心とした組織や個人の誰もが発信でき，誰もが使えるようにしていくことができれば，リアルな都市生活の豊かさや楽しみに繋がるであろう。

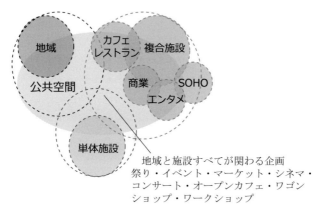

図9.2　みんなで公共空間を使うイメージ

『公共資産・公共空間は　新しい発想の創造とマネジメントの仕組みつくりが鍵
世界的に大きなビジネスチャンスがある』

9.2.3 "Quality of Mobility" の構築

様々な企業が自動運転技術開発を進める中，トヨタとソフトバンクが提携した。自動運転を巡り，業界の垣根を超えた提携の動きがこれからも加速するであろう。日本政府は2020年までにレベル4（高度自動運転）自動運転車の実用化を目標として掲げており，2015年にはレベル5（完全自動運転）に到達すると予測されている。

自動運転社会になると，街の構造が大きく変化する。車線数が減り，道路幅を狭くすることができる。駐車場の広さ，数が減る。つまり，インフラの敷き替えや都市機能を強化できるスペースが生み出され，様々に利用可能であると同時に，都心の一等地をはじめとした有効な事業用地が大量に生み出されるということだ。

人の生活も変化する。交通の安全性が向上することは勿論，車内が移動空間から生活・娯楽空間へ変わるであろう。また，移動中に街を見る機会が増えるので都市景観が重要になってくる。事業機会の創出，新しいスペースの様々な活用，

新たなまちの機能の付加，そして人の行き来がもっと豊かになり，それに伴う新しいビジネスや観光産業が創出される。

　交通そのものについても，今まで，安全性，利便性を基軸に効率が追求されてきたのに対し，これからの交通の役割は，それらに加えて，オンデマンド，シェア，カスタマイズ，快適性，空間・デザインの豊かさや刺激，楽しさ，アクセシビリティ，地域社会・地域文化との連携などが重要視されるはずである。そして，都市における車，中間交通，自転車と快適で楽しいパブリックフットパスのモビリティ・レイヤーを，社会実験を重ねながら刷新していくことが求められる。

　　『"Quality of Mobility" の構築は　未来の都市生活の最重要課題
　　楽しい技術開発と社会実験，企業を超えた連携が 豊かな未来を支援する』

9.2.4　地域活性化とリージョナル・シェアリングエコノミー

　ネットワーク社会が生み出した新しいライフスタイルである，所有から共有へ個人資産から社会資産へという，シェアリング・エコノミー社会へ対応するビジネス革新が，あらゆる分野で進んでいる。自動運転社会とモビリティシステムの変革，ビットコインやブロックチェーンなどの新しい金融システム Fintech 分野，企業が個人へから個人が企業へあるいは個人と個人が繋がる次世代 e-commerce。新しい消費形態のブルーオーシャンが広がる。

　シェアリング・エコノミー社会への対応は，社会全体を包括するメガスケールのシステム構築と，個人や地域コミュニティという日常生活の基本単位の中で，LOCAL FIRST や地域循環経済に焦点を当てたサービスシステムの構築とが，車の両輪である。一例として，シンガポールで起業された地域密着型オンライン買い物代行サービス "honestbee" が，複数店舗での食料品・料理の買い物代行と配達ビジネスで，日本での展開を開始した。専業ではない地域住民スタッフを育成することで，深刻化した宅配便の人手不足の解消を図ると共に，短時間から働けるシステムは，育児や介護など時間制限のある人に適合している。地域社会に新たな雇用機会を創出している。まさに，地域のものを地域の人が購入し，運ぶ，といったリージョナル・シェアリングエコノミーのビジネス化と言える。

表9.5 リージョナル・シェアリングエコノミーにおけるビジネス創発のポイント

---
① Local First；地域の産業・商業の地域内での循環システムの構築
② Civic Pride；地域の人が誇れる街を考える
③ 多世代・多様な人のための生活のインフラネットワークの構築
　・ロジスティックス，在宅医療・介護，保育・子育て
　・既存の公的資産，遊休資産，公共空間の有効活用
④ 多様な住まい方と街の楽しみ方の提案
⑤ 楽しみ方や趣味でつながるリージョナル・コミュニティ

『リージョナル・シェアリングエコノミーを支援し 地域活性化を図る
LOCAL FIRST や地域循環経済に焦点を当てたサービスシステムの構築』

9.2.5　インバウンド6,000万人時代のホスピタリティビジネス

2013年には約1,036万人だったインバウンドが，2015年には約1,974万人になり，2020年には約4,000万人，2030年には約6,000万人になると喧伝されている。6,000万人時代には，観光客・ビジネス客の特性が変化・進化する，つまりリピーター客，日本や日本文化により親密な客が増加すると考えられる。

世界の主要都市空港の国外就航先数比較では，金融中心のロンドン約350都市，観光デスティネーションパリの約270都市，ソウルの約140都市に比べて，羽田と成田を加えても現在100都市未満にとどまっている。羽田は2020年に予定されている新飛行経路の運用後は，年間約9.9万回（現在の約1.7倍）の発着回数の増加が可能になる。まずは，羽田をはじめとした国際空港の更なるパワーアップが重要であろう。

羽田空港国際線の到着時間を見ると，24時間空港らしく，アジアからの60%，欧米からの30%が深夜早朝便である。彼らのデマンドは可能な限りスピーディーな活動，ビジネスや観光の準備の開始である。そこにホテルビジネスの次の展開のヒントがある。

日本のホテルビジネスはここ数年のインバウンド急増を受けて，ラグジュアリーマーケットの取り込み，ライフスタイルホテルの増殖をはじめとした様々な属性や所得層の客に対応したビジネス展開が進んでいる。また，民泊が一般化し，その土地の建築様式での宿泊体験や，交流体験が可能なプログラムも増えている。次の展開は，属性，所得，年齢や目的だけではなく，訪問客の特性に焦点を当て，街の魅力とタッグを組んで，彼らに新しい体験を提供する開発と運営が期待される。その視点から，日本のホテルマーケットがまだ十分焦点を当てられていない

訪問客像は，インバウンドでは，羽田空港国際線利用のアジア圏のビジネスマン（特に深夜早朝便利用客），ビジネスの合間に日本の街や日本人との交流を楽しみたいビジネスマン，日本の街やローカル文化を楽しみたい日本リピーターの観光客，国内では，パーソナルで新しい価値観をもつ感度の高いミレニアル世代，ローカルのコアな文化や交流を楽しみたいビジネス客・観光客，QOL が価値観の中心のビジネス客・観光客などであろう．

表 9.6　ホテルの新しいカタチと期待される役割

① ICT 技術を活用した 24 時間稼働する日本と世界を繋ぐハブ 　日本の経済活動を支える重要ノード，それに応えるホテル
② 次世代ビジネスマンのワークスタイル・ライフスタイルに合ったホテル
③ ビジネス，観光，文化，交流のプラットフォーム型ホテル 　ホテルの施設はそのアプリ，地域の魅力と繋がる新しい概念のホテル

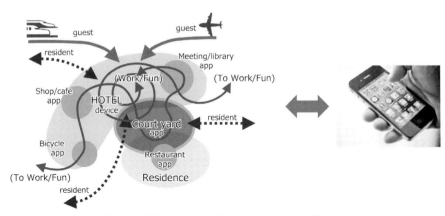

図 9.3　ビジネス，文化，交流のプラットフォーム型ホテル

『右肩上がりが予想されるホスピタリティビジネスの開発と運営のテーマは ICT 技術とデザインを統合した　ビジネスと観光のプラットフォーム創造』

9.2.6　スポーツ・デスティネーション

日本は，多くの集客力の高いプロスポーツに加え，海や山などのスポーツ資源に恵まれている．人々の健康でアクティブなライフスタイルに対する関心が高まり，市民マラソンなどの参加型スポーツも盛り上がりを見せている．教育行政ではなく地域政策としてのスポーツと，観光やまちづくりとを結びつける機運も高

まっていて，JSTA（日本スポーツツーリズム振興機構）などの半公共組織も，人材育成支援，スポーツ旅行商品の普及，スポーツ環境整備，情報発信などを行っている。また，VR，e-sports など最新技術を活用したエンターテイメント性の高い新しいスポーツジャンルもブレイクの兆しを見せている。

　競技場に足を運ぶ人はスポーツの迫力や臨場感や緊張感の共有を求めている。加えて，その競技の知見を得，友人とその日のゲームの内容を喧々囂々語り合う場があれば，スポーツはさらに楽しいものとなる。情報技術の進歩で何でもスマホ経由で手に入れることができる時代でも，魅力あるスポーツ，街，建築やテーマパークには，わざわざ人々が訪れる。商業施設も購買目的から時間消費型さらには精神的な充実感を求める客にターゲットを移してきている。従来の低い家賃負担力で不動産ビジネスでは副次的扱いであったスポーツ施設を設けるという発想から，スポーツを核として，街の観光資源やにぎわい資源と協調し，新しい社交の場，空間，機会を創造（スポーツソーシャライジング）し，人々の全く新しいライフスタイルを創発することが建築・都市開発のテーマになっている。スポーツソーシャライジングを成功に導く重要要素は，スポーツ文化と街の個性と魅力と，エンターテイメント・賑わい文化とアライアンスを組むことであり，魅力的で個性的なパブリック空間と ICT プラットフォームがその連携を支え，新しい価値連鎖の輪が出来上がる。さらに，スポーツに対するさまざまなレベルの知識が共有でき，スポーツについてより深く学べ，健康志向を推進する場と機会として，双方向型のミュージアム，教育，医療，スポーツビジネスインキュベーション施設などの設置により，スポーツを核として，さまざまな人の経済活動や文化活動や教育活動が相互に結びつき，魅力的なスポーツ・デスティネーションが生まれる。

参 考 文 献

[1]　エリック・シュミット，ジャレッド・コーエン著（2014）：第五の権力―Google には見えている未来，ダイヤモンド社.

9.2 建築・都市開発イノベーション—6つのキーイッシュー

図9.4 3つの要素を複合・統合したスポーツ・デスティネーションの創造

『競争力のあるスポーツ・デスティネーションの創造は
スポーツ,街の個性,賑わい・エンターテイメントの融合体』

第3部　都市のデザイン

第10章　街の魅力を高める都市プランニング

〔末繁雄一〕

10.1　都市プランニングとは何か

　「都市プランニング」という言葉の意味するところや対象とする範囲はあまりに広くその捉え方も様々である。歴史をひもとけば，パリでは19世紀に人口膨張による都市環境の悪化によって市民の不満が極限に達していたが，ナポレオン3世とその命を受けたセーヌ県知事G. オスマンが大規模な都市改造を実施し，現在のパリの骨格を創り上げた。ロンドンでは，17世紀のC. レンによるロンドン大火の復興計画，19世紀のP. アーバクロンビーによる大ロンドン計画などが有名である。東京でも後藤新平による関東大震災後の帝都復興計画や，1964年の東京オリンピックにむけた交通インフラの整備などが代表的だ。人口増加による都市膨張圧力や環境問題などの内的要因や，天災や戦災などの外的要因によって必要性が生じプランニングされてきた。これらの都市プランニングはその都市の都市形成史に大きな影響を与えている。

　都市を計画するとき，一般的にはまずどのような都市にするかという構想（vision）があり，その構想を落とし込んだ計画（plan）がある。そしてその計画に則って個々の権利者が具体的に展開する事業（project）がある。プランニングとは「計画する」という意味なので，ここでいう「計画」に当たるが，実態として「構想」や「計画」を創り上げることもプランニングと捉えられるし，個別の「事業」そのものにも具体的な計画が必要なのでそれも含めてプランニングと広く捉えることができる。

　事業における計画まで都市プランニングと捉えるのは広すぎると思うかもしれないが，個別の事業による都市へのインパクトは事業敷地内だけにとどまらず都市全体に及ぶ場合もある。それは必ずしも都市全体の構想や計画で想定されたものではない。好例の1つが東京都渋谷区の代官山地区である。住宅街であった同地区が都内有数の高感度なエリアというブランドイメージを得たのは，ヒルサイドテラスの存在が大きい。同地区の地主である朝倉家は建築家槇文彦に計画を依頼し，1969年から1998年までの30年の歳月をかけて7期に分け，居住・商業・

10.2 人口減少時代の都市のプランニングとは

図 10.1 漸進的なヒルサイドテラスの開発

文化機能を持つ低層の複合施設を開発した（図10.1）。地区の歴史性や地区環境に配慮しがら漸進的に行われたこの事業は，結果として代官山全体の価値を向上させる結果となった。このように，街の魅力を高めるプランニングは，優れた全体構想だけでなく，個々の事業計画も重要である。

10.2 人口減少時代の都市のプランニングとは

わが国は人口減少社会を迎えた。2014年に日本創成会議（座長：増田寛也元総務相）は2040年までに20～39歳の女性の人口が5割以上減少すると推計された都市は出生率が上がっても将来的には消滅する恐れが高いとし，それが全国の自治体の約半数になるとの試算を発表した。中には人口集中が進んでいる東京の都市も含まれており，大きな話題となった。このような社会状況の中で持続可能な都市に必要なことは何だろうか。大規模再開発は容積率緩和などのインセンティブを受ける引き換えに，オープンスペースや広幅員の街路などの都市施設が併せて整備され都市機能が防災や環境，利便性の点で増進する場合も多いが，それまでのその土地の歴史などの文脈が消えてしまうケースもあり，没個性に陥ることもある。一方で，漸進的に発展してきた都市は地域の個性が色濃く現れ，ヒューマンスケールで魅力的な空間を有していることが多い。

これからの都市プランニングは，地域課題の解決や不足機能の充足だけに留

まっていては均一化する一方で不十分であり，その都市固有の個性＝「ならでは」を意識し，将来像を構想する必要がある。それを実現するためには，どのようなものを対象に，どのような手法で計画を進めるべきか，事例を交えながら考えてみたい。

10.3 事　　　例

10.3.1 市民による地区の将来像プランニング（自由が丘）

ここでは漸進的に形成されてきた市街地である東京都目黒区の自由が丘地区の事例を紹介したい。

自由が丘は目黒区南西部に位置する自由が丘駅（東急東横線・東急大井町線）を中心に広がる商業市街地である（図10.2）。大規模商業施設が少なく細街路に個店が面的に集積し回遊性豊かな街で女性を中心に人気を集めている。同地区は古くからまちづくりに対する意識が高いことで知られている。地区南側を流れている九品仏川が1974年に暗渠化され緑道として整備された際に，その場所が放

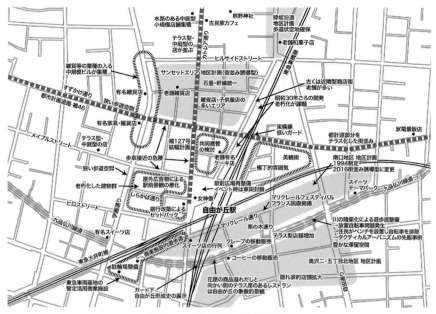

図10.2　自由が丘地区特色観察図

置自転車で覆い尽くされていた。それを地域住民らが自己負担で自治体の管理地である緑道にベンチを設置して放置自転車を解消することに成功した。近年注目されているタクティカル・アーバニズム（戦術的都市計画）の先駆けともいえる取組みにより，地区を代表する質の高い滞留空間を市民の力で創出した実績を持つ。自由が丘のまちづくりには，昭和38年に設立された自由が丘商店街振興組合（以下：振興組合）が深く関与している。この振興組合は，単一の振興組合では日本最大で，加盟店数は約1,300店を誇る。振興組合は商業者の団体であるが，振興組合とは別にタウンマネジメント組織である株式会社ジェイ・スピリットが存在している。ジェイ・スピリットは，振興組合だけでなく東急電鉄や目黒区，地域住民団体の代表者も出資者に名を連ねた主体横断型のまちづくり組織である。2003年の設立当初から「自由が丘のまち運営会議」を開催し，地区の課題を広く議論する場を設けている。振興組合とジェイ・スピリットの活動として，ハード面では，駅前広場や街路環境整備，街並みの保全を図るための指針の運用などを行政と協力して行ってきた。これらの積極的な活動が評価され，振興組合とジェイ・スピリットは2012年には国土交通省・都市景観大賞を受賞している。ソフト面では，インフォメーションセンターの設置，不法駐輪対策，来場者50万人といわれる女神祭りの自主運営など，広域から来街者を招き入れるための活動に力を入れている。また，夜間のゴミ個別収集，天ぷら油で走るコミュニティバスの運行やクレジットカードの代表加盟店事業など先進的な取組みも行っている。ジェイ・スピリットは2016年に都市再生特別措置法に基づく都市再生推進法人に目黒区から認定された。またその前年には国家戦略特区における道路法の規制緩和の認定を受け，一部の道路空間上でイベント時に道路空間でのオープンカフェなどの設置の取組みを行っている。

　現在，ジェイ・スピリットは地区のグランドデザインの策定に取り組んでいる。地区はこれまでの積極的な取組みの成果もあり，現在でも一定の街ブランドを維持しているが，狭隘な街路空間による交通問題，鉄道の踏切問題，個々の建物の老朽化問題などを抱えており，専門家の手を借りながら，地区のあるべき将来像を議論している。自治体が策定するマスタープランでも，民間事業者による街区再開発プランでもない，市民による主体的なグランドデザイン策定はユニークな取組みである。自由が丘らしさとは何かを考えながら，地区のあり方のイメージを構想し，将来の街の具体的な姿を描こうとしている。これまでの一連のまちづくり活動から，高層ビル等による大規模再開発型の都市は志向せず，地区の「な

らでは」を維持・強化する強い意志を持って街の将来像をプランニングしようとしている。

10.3.2 まちづくり教育としての地区の将来像のプランニング（自由が丘）

実際に自由が丘地区で策定が進められているグランドデザインとは別に，筆者は学生が自由が丘地区の将来像を提案するプロジェクトに取り組んでいる。街の個性の創出や街の問題・課題の解決によって，ブランド力を高めるための魅力をデザインすることを目指している。

既成市街地のあり方をプランニングするときに大切なことは，街の実態を正確に把握する観察力，解決方法を模索するための横断的な情報収集力，新たな価値を創造するための企画構想力である。丹念な地域のフィールドサーベイ（図10.2）をもとに，グループで地域の課題やそこにしかない個性や魅力＝「ならでは」をあぶり出し，その小さな魅力の種を将来像の柱となるコンセプトに育てていく。さらに作り上げたコンセプトを具体的な計画に落とし込むためのデザインワークとして，模型や3DCGを駆使しながら最終成果物を制作している。

これまでの成果物の中から2つほど事例を紹介すると，「都会の森」は，交通システムを再編し，緑道という貴重な空間資源を地区全体に拡大するとともに，建物上層階に居住機能を誘導して商業の活性化を目指している。さらに，街の中心にある駅をコンセプトを象徴する自然共存型の複合施設に再開発し，地区に不足する文化機能を挿入することを提案している（図10.3）。「GREEN G RING」

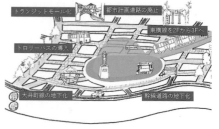

図10.3　都会の森(緑に囲まれた商住共存の都市空間と駅再開発の提案)（作成：太田由紀奈, 木村志帆, 國本葵, 佐藤泰洋, 嶋田紘一郎, 山本夏帆）

10.3 事　例

は，高層型の再開発を地域が望んでいないことと地区の歩車接近の交通問題に着目し，屋上緑化した低層複合施設を地区外縁部に環状に建設し，環内の自動車交通を排除し，施設外側をラウンドアバウトとして通過交通を捌くことで，回遊性のさらなる向上，交通問題の解消，不足している緑地とオープンスペースの創出，地域の実情に合致した低層型の再開発事業の実現など，複数の地区の懸案を解決する回答を提示している（図10.4）。

これらの成果は学内にとどまらず，実際にジェイ・スピリット主催の発表会で地域関係者（地元商業者，居住者，行政関係者，鉄道事業者ら）に発表しており，地域の将来を皆で考える機運醸成に寄与している。

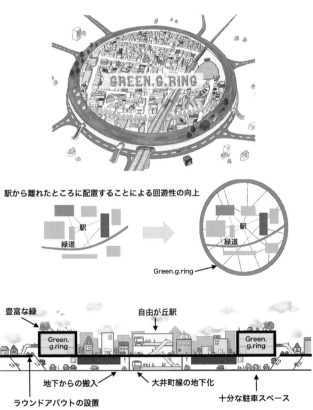

図10.4　GREEN G RING（環状の低層複合施設開発による歩車分離の提案）
　　　　（作成：釼持壮位・志田佑輔・松尾采佳）

10.4 時間消費型都市のプランニング―アクティビティスケープ

　前述のとおりわが国は人口減少社会を迎え，都市の縮退が叫ばれるようになって久しい．また，ｅコマース（電子商取引）の台頭によって商空間のあり方も変わりつつある．商業市街地は物を買うための空間から，そこを訪れ滞在することを楽しめる時間消費型の空間が求められるようになるだろう．時間消費型の都市空間は，人々が回遊したり滞留したりする多様なアクティビティが誘発される空間である．紹介した自由が丘の九品仏川緑道も時間消費を促進する豊かな都市空間である．そして，街並みや街路などのハードだけではなく，そこで発生したアクティビティに関係する市民も都市の構成要素に組み込まれた，空間と活動の統合的な都市景観づくりが重要であると考える（図10.5）．筆者らの研究室ではこれをアクティビティスケープ（活動景観）と呼び，その発生と評価について研究を重ねてきた．そのいくつかを紹介したい．

図10.5　豊かな空間と多様なアクティビティの融合された景観が重要

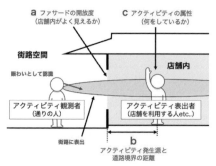

図10.6　店舗内アクティビティの街路への表出評価方法とプロット図

10.4 時間消費型都市のプランニング—アクティビティスケープ

　図 10.6 は，自由が丘地区の店舗内でのアクティビティが街路に滲み出す強さを色の濃淡で表したものである．商業市街地において，街路に立ち並ぶ店舗内でのさまざまなアクティビティはファサードを通じて街路に表出し，街の賑わい創出に貢献しており街路の雰囲気を形成する要素の 1 つとなっている．その表出度や属性は店の種類やファサードによって多様である．そこでこの研究では店舗内での活動が街路にどのように滲み出し，街の賑わい感に影響を与えているのかを明らかにしようとしている．具体的には，ファサードの開放度 (a)，アクティビティ発生源から道路境界線までの距離 (b)，アクティビティの質 (c) という 3 つの観点から評価している．この研究から，屋外公共空間だけでなく店舗内での活動も通りの賑わいに影響を与えていることがわかる．

　図 10.7 は，世田谷区尾山台地区でのプレイスメイキングの実証実験の様子である．自転車や自動車が行き交う商店街のメインストリートをかつてのような地域住民の交流の場にするためにプランニングした．2018 年は路上に小さなシェルターを設置して地域の子どもたちの遊び場を計画した．2019 年度は路上にベンチやテーブル，プランターなどを設置して多世代の交流空間を計画した．交流空間に対する利用者の行動を観察し，どのような空間構成がアクティビティをより誘発するか調査・分析を進めている．

　このように，アクティビティの創出は街並みや公共空間のデザイン，店舗の街路への構え，およびストリートファニチャーなどに依存しがちなため，都市デザインの範疇で語られることが多いが，個別のデザインから地区全体を考えた都市プランニングに発展させることが肝要である．これからの都市プランニングは既成市街地を対象にアクティビティのプランニングが必要で，一連の研究は基礎資

図 10.7 尾山台地区でのプレイスメイキングの実証実験の様子

料になると考えている。

10.5 持続可能な都市づくりのためのプランニング

　本章では，漸進的に形成された市街地を事例に，都市プランニングには，その都市の丹念な観察を通して小さな魅力でも見逃さず「ならでは」を探し，その個性を最大化する計画を立案することが大切であると述べた。また，これからの都市に求められるのは利便性だけではなく，滞在すること自体が目的となる時間消費型都市への転換であり，その中の重要な要素が都市内のアクティビティの誘発であると指摘した。都市生活者に価値を提供する都市プランナーに求められるのは，観察力や情報分析力，企画構想力もさることながら，多くの魅力ある都市に触れ，自身がそこでのアクティビティを楽しみ活動景観のプレイヤーの一人となれることである。

参 考 文 献

［1］　日本創成会議・人口減少問題検討分科会（2014）：成長を続ける21世紀のために「ストップ少子化・地方元気戦略」.

［2］　末繁雄一，菊川大樹（2018）：店舗内活動の街路への表出が生み出す都市の賑わい評価に関する研究. 日本建築学会学術講演梗概集，都市計画，2018年9月，p.629-630.

第 11 章 都市と成長する空間デザイン

〔川口英俊〕

建築や都市の魅力に取りつかれて，1987 年に当時学生であった筆者は意気揚々と海外へ飛び出して行った。アメリカ合衆国の中でも最も都市としての歴史が古い地域である，ニューイングランド地方のニューヘイヴン（New Haven）とニューヨーク（New York）の両都市で，約 7 年間にわたり建築と都市を学び，建築家の設計事務所に勤務していた。毎日の生活の中で，デザインすることが都市を成長させることであると感じ，都市が持つ不思議な力がデザインを創案させる根源になっているようにも思えたのだ。そこには何かがあり，片生なる自分自身を改めて気づかせてくれるのであった。そして，多くの思惑が錯綜して蠢いていた。そのような生き物のような都市は面白い。

11.1 クロスオーバーする島　マンハッタン

その昔，15 世紀半ばから始まった大航海時代，クリストファー・コロンブスが 1492 年に新大陸(アメリカ大陸)を発見した出来事は，スペインのみならずヨーロッパ全域を駆け巡った。オランダ東インド会社は英国人の探検家ヘンリー・ハドソンを雇い，1609 年には未知であったアメリカ大陸の一部を詳細に調べ上げて，ハドソン川流域，つまり現在のマンハッタン島一帯を報告したことは，ヨーロッパの血をさらに熱くさせたのであった。この東海岸地域は，1621 年にイギリスのメイフラワー号が現在のマサチューセッツ州ケープコッドのプリマスにたどり着くなど，ニューイングランド地方の文字通りイギリスにとっては，アメリカ植民地化の象徴として大きな歴史的位置を占めている。そして，オランダは 1624 年にマンハッタン（Manhattan 原住民のレナペ族の言葉で「丘の多い島」のこと）の南端に，西インド会社の管轄としてニューアムステルダム（現ニューヨーク市マンハッタン区の南端）を建設したが，結局，マンハッタンはオランダからイギリスの支配に代わり，1664 年に当時のイングランド王ジェームズ 2 世（ヨーク公）にちなんで「ニューヨーク」と名付けられた。15 もの言語が飛び交う国際的な交易都市として栄えたのだ。アメリカ独立戦争の間，各地で大きな戦闘が起こっていたが，後にイギリス本国の課税の強化に反対し，1789 年にアメ

リカ合衆国初代大統領に就任したジョージ・ワシントンがニューヨークに入り，ここを最初の首都としたのであった（1789〜90年の1年間）。

11.1.1 摩天楼都市　ニューヨーク

19世紀末にアメリカ建築と都市デザインは，パリの美しい都市デザインとボザール様式に目を覚まされた。そして，エレベーターと鉄骨と大きな板ガラスが，今までの建築の敷地を空に向かって拡張可能にしたことは，都市の景観と人々の床面積の重層化という欲望に変えていき，摩天楼建築を出現させた。シカゴ，ニューヨークで開花した摩天楼建築スタイルは，建築家ル・コルビュジェにとっては，オースマンの低層型高密度な都市デザインに対して，1922年に「300万人のための現代都市」，1925年に「パリ・ヴォアザン計画」，そして1935年には「輝く都市」の発表に至る，緑と太陽に満ちた高層建築による都市の建築面積低減化を図るべく，徹底した都市更新の提案につながった。同じ頃ニューヨークでも市街化計画が起こり，1916年のゾーニング条例により高層階に行くほどセットバックが課せられた。しかし，コルビュジェの都市案と決定的に異なることは，各棟の計画が異なるデザイナーや開発業者であることによる市場開発が行われたことだ。その意味では画一的な景観を否定している。開発者による不動産市場主義を加速させていたわけで，おそらく，ニューヨークの開発者たちはコルビュジェの虎視眈々と狙う「征服」を阻止しなければならなかったであろう。コルビュジェは，強烈にマンハッタンが

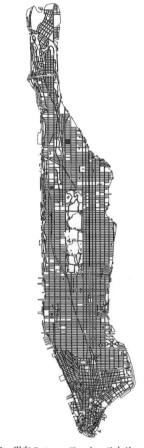

図11.1　現在のニューヨーク・ストリートパターン

「欲しかった」だろうし，マンハッタン・グリッド（碁盤の目）が小さすぎるとも反論した。「輝く都市」からみると明らかに棟間隔が狭すぎるうえ，1か所に集中した巨大な公園「セントラルパーク」は彼の思想には反していた。南北に約60 m，東西に約280 mごとに区画された長方形街区の意味は，土地を売りやすくするという合理的な市場原理に基づいたものであり，そのグリッドは狭いマンハッタン島が水平方向に延びることを許さなかったために，天空へとそのグリッドを持ち上げ成長したのであった（図11.1）。これがニューヨークのアーバニズムだ。

「ル・コルビュジェは結局マンハッタンを呑み込むことはできなかった。マンハッタニズムは，喉につかえながらもとうとうル・コルビュジェを呑み込んで消化してしまったのだ」（Koolhaas, 1995）。

また，現在では空中権取得合戦により「狭い敷地」に塔状比（建築物の幅と高さの比）が，1：24という111 West 57th Street（スタインウェイ・タワー）や，1：18の220 Central Park South など，クレイジーなほど極細な超高層コンドミニアムビルが出現して，もう一度ニューヨークのスカイラインを劇的に変えようとしている。

現在のニューヨーク市はブロンクス，ブルックリン，クイーンズ，スタテンアイランド，そして，マンハッタンという5つの行政区で構成されていて，われわれが「ニューヨーク」と一般的に呼称する場合，慣例的にそれは市のことではなく，JR山手線の内側の面積より少し小さい，約60 km²のマンハッタン区を意味している。このことは，このマンハッタン島がアメリカ合衆国において，いかに重積的な思い入れがあり重要なポジションを担っているかという現れである。

11.1.2　さまざまな人種は都市文化の担い手

ニューヨークは歴史的に植民地争奪合戦があり，アメリカへ多くの移民が流入してくる玄関口であったことで，今でも多くの人種が住み，170を超える言語が話されているといわれる。多民族国家がクロスオーバー（crossover）して，そこには誰が主導を取ることなく，同化していくことと融和していくこと，そして一方で並行的に多元主義を混合させながら明日に進んでいく。そこには当然新しい文化が形成され，紛れもなく都市の文化の1つとなっていく。

ニューヨークの文化を語るとき，忘れてはならないブロードウェイミュージカルがある。ミュージカルの黄金時代とされた頃の1957年にジェローム・ロビン

スによって製作された名作「ウエストサイド・ストーリー（West Side Story）」は，当時のニューヨーク社会を背景とした移民同士の恋を描いた物語であり，映画化もされた。音楽の分野では，1970年代から発展してきたクロスオーバーミュージックといわれるムーブメントがあった。それまでの4ビート・バップ・ジャズにR&B，ソウル，ロック等のジャンルを加えた融合的な試行錯誤も生まれたのだ。多くのキーボーディスト達に多大な影響を与えた，アープ（ARP）やモーグ（Moog）のシンセサイザーという電子楽器を駆使した，クラシック，ジャズ，ロックにおいて多くの「実験」が始まった時代であり，シンセサイザーのおかげでとりわけジャズの世界では，新しい奏法や音色を取り入れたジャズという音楽に大きな変革を示したのである。今日でもアメリカジャズ界の先頭を走るイタリア系アメリカ人のチック・コリア，アフリカ系黒人のハービー・ハンコック，ビリー・コブハム，そして，彼らのような有名ミュージシャンを育てたマイルス・デイヴィスにより，ジャズという音楽はその拡がりを無限にした。ニューヨークのシアターやジャズクラブでは毎夜セッションが繰り広げられ，実験的なクロスオーバーする夜が始まる。また，アートの世界では，1957年にイタリア人のレオ・キャステリがEast77th St.の自宅アパートに画廊を開き，ジャスパー・ジョーンズやロバート・ラウシェンバーグの個展を開催した。このことは抽象表現主義以降の現代アート世代が社会的に露出し，美術界に進出する大きなきっかけを作ることとなった。その後，キャステリの画廊では，アンディ・ウォーホール，クレス・オルデンバーグ，ドナルド・ジャッドのような，アメリカの現代美術史を代表する「巨匠」の出現に一役を買ったわけである。

11.2　実験の舞台である象徴的都市の潮流

　産業革命以降の歴史において，都市が現在の姿に成長するまでには様々なターニングポイントがある。そして，その都度，過去に学び，過去を振り返ることなく都市デザインを刷新していく「仕事」が成されている。中世までの都市の形成は戦闘の歴史であった。外敵の侵入を防ぐための城塞を構築することが都市のデザインの大きな要素の1つであり，複雑な道路街区状況であった。

11.2.1　中世都市からの脱却　ロンドン

　重商主義で栄え，シェークスピアが生きた時代の16世紀イギリス・ロンドンは，典型的な中世都市であった。誰もがこの街の姿を，都市というものはそのよう

なものだ，と考えていたのである。しかし，その都市という生活の舞台を一変させる出来事が起こる。1666年9月2日，日曜日の未明に発生したロンドンの大火である。火災により家屋の85％以上が焼失したといわれている。オックスフォード大学の天文学者であり，建築のデザインを始めたばかりの当時まだ34歳

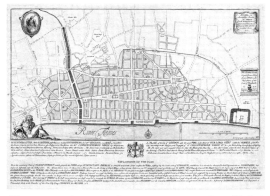

図 11.2　1666年のクリストファー・レンのロンドン再建計画

であったクリストファー・レンは，国王のチャールズ2世と議会に，全く新しい考え方の下にロンドン再建計画案を提出した（図11.2）。

　この計画案は15世紀のヨハネス・グーテンベルクの活版印刷技術をなくしては考えられなかったかもしれない。中世では建築や都市を学ぶことは建築家や親方職人から弟子へ伝承されるもので，技術の習得に長い時間を必要とした。しかし，活版印刷技術により技術の伝達におけるスピードと方法が，書物や地図を手にすることで様式や構造技術を学ぶことができるようになったからだ。天文学者のレンも例外ではなく建築学を書物から得たのである。セントポール寺院から始まるヴィスタ（見通しの良い眺望）を確保した放射型直線道路やロンデル（直線道路が交差した地点の円形，もしくは多角形広場）をロンドンの街に投影した。また，それまでのロンドン市中にはなかった市場地区や行政施設を計画的に配置した。しかし，結果的に彼はセントポール寺院等を設計したに過ぎず，残念なことにその野心的な都市デザインは実現しなかった。仮に，クリストファー・レンの計画通りにロンドンの都市デザインが完成していたら，都市デザインの歴史が変わっていたかもしれないとまでジョナサン・バーネットは記している（Barnett, 1986）。

11.2.2　中世都市からの脱却　パリ

　フランスにおいては，18世紀末のフランス革命を機に，ルイ王朝の絶対王政から立憲王政，そして共和制へと時代が流れる。ナポレオン3世が都市改造を託した，時のセーヌ県知事であった，強烈な思考と行動力の持ち主のジョルジュ・

ウジューヌ・オースマンが，現在のパリのデザインを完成させた。幾何学的な放射状街路を通すために，歴史上はじめて開発用地買収手法と建築デザインのコード化を適用し，通りの両側の用地を同時に開発させることを開発業者に課したのである（図11.3）。故にわれわれは現在の美しく統一されたパリのブールバード空間を経験する

図11.3 パリのオペラ通り（Camille Pissarro，1898年）

ことができるのである。このパリのアパルトマンは4～5階建てであり，1階は商業，オーナーは2階に住み，上階を賃貸住居としていたわけである。現在でも2階の縦長窓のサイズが高いことと装飾や手すりが施されているのはオーナー住居の証である。現在であればオーナーであれば最上階に居を構えるのが普通であるが，階段で上階へと楽に上がれて都合の良い階は2階であったのだ。しかし，グーテンベルグの発明と同様に技術の革新が大きく都市デザインに関わることになる。1853年にニューヨークでエリシャ・グレーブス・オーチスが蒸気式エレベーターを発明し，1889年にパリの電気の安定供給と共にエレベーターが設置された建築がリヴォリ通りで初めて建設されることになった。このエレベーターという，垂直方向へいとも簡単に市民を運んでくれる機械は，オースマンが言及していない建築の高層化でパリ空間を変えることではなく，その後の近代都市における建築物の高層化へと，都市の使い方を激変させる「出来事」になった。

11.3 都市をどのように捉えるのか？

都市とは何かという問いかけに対しては，前述のジョナサン・バーネットの著書タイトル"The Elusive City"（捉えどころのない都市）が一番適切な表現であろう。都市に対してさまざまな思惑が入り乱れ変化するが，計画の大小の区別なく，不確定な「生き物」に向かって取り組むべきである。第二次世界大戦以後，1960年代の日本では菊竹清訓，黒川紀章，磯崎新，槇文彦らの建築家，そして，デザイナーの榮久庵憲司，粟津潔らがメタボリズムを唱え，社会の変化や人口の

成長に合わせて有機的に成長する建築や都市の計画を世に発表した。これに触発されたロンドンのアーキグラムは人口の都市集中に対して人が動くのではなく都市自体が動くという"Walking City"を含む多様なデザインを提案し，フィレンツェのスーパースタジオは，ドローイングでデザインとは何かを人間を取り巻く工業化社会システムに向けて問いかけ，個人と社会の問題を示し続けた。このように1960〜1970年にかけて丹下健三は東京湾プロジェクトの提案から大阪万博へと成功を収めるが，とにかく，建築家たちは必死に都市のことを考え，訴え続けた「優雅な」時代であった。

11.3.1　都市空間と幾何学　ニューヘイヴン・ナイン・スクエア

『建築十書』を著した帝政ローマ初期時代の建築家，ウィトルウィウスは街区のデザインや理想的な方位付けを示し，後にレオナルド・ダ・ヴィンチを含む多くの学者は建築十書の研究を進めた。幾何学と人間との関係を説いたダ・ヴィンチの「ウィトルウィウス的人体図」はあまりにも有名である。1638年にアメリカ東部のニューイングランド地方のコネチカット州ニューヘイヴン市（New Haven, Connecticut）をデザインした当時の研究聖職は，街路は直交にすべきであるとして，ウィトルウィウスの方法を9つの正方形グリッドで都市をつくるものだと解釈した。それがニューヘイヴン・ナイン・スクエアである（図11.4）。

筆者が学んでいたニューヘイヴンのイェール大学建築学部大学院のスタジオで教鞭を執っていた，建築家マリオ・ガンデルゾナスはわれわれ学生に「New Haven Analysis」の課題を出題した。筆者はマリオに，「都市と私たちの間にあるものは何ですか？」という抽象的な質問を投げかけたことがあった。彼は間髪を入れずに，「Geometry !」（幾何学だ！）と，強い口調で答えたのが記憶に強く残っている。私は必死にナイン・スクエア・グリッドから展開するニューヘイヴン市の幾何学解析をした。不思議なことに，市中にはいくつかの小さなナイン・スクエアが現れた（図11.5）。

つまり，地図には多くの情報がプリントされていて，都市の（特にアメリカは道路から発展した都市が多い）道路に着目するといろいろなことを発見できるのである。私たちはいつも幾何学の中に生きていることを実感するのである。

11.3.2　都市の建築的利用方法　アクロス福岡

都市を構成している，1つの建築にも都市の使い方を大きく提案する方法があ

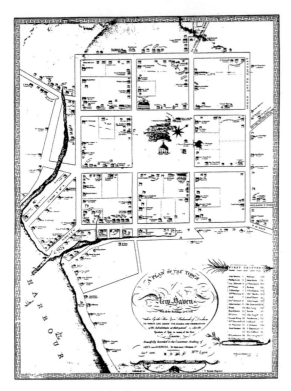

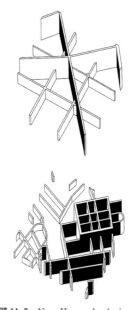

図 11.4　9つの正方形で構成された Old New Haven の中心

図 11.5　New Haven Analysis 〔Searching 9-Square〕（Hidetoshi Kawaguchi）

る。エミリオ・アンバース事務所にて勤務していたとき，筆者が担当した国際建築設計競技における案が1等となり，建設は竹中工務店，日本設計など多くの日本の技術のおかげで，アクロス福岡は1995年に開業した（図11.6）。

　私たちは「都市の中の公園と建築を一体化」できないかという発想のもとに，地上の空間に代わる斬新なオープンスペースを模索して，従来のステレオタイプ的なビルからの脱却を考えた。計画敷地外である既存の平坦な公園から計画建築へと徐々にレベルを上げていき，感覚的にも物理的にも，計画地を公園側から連続した1つの平面と捉えて，少しずつ地面をめくったのである。めくった下部には要求された諸室を入れこみ，建築の屋上は植栽で覆いつくした。公園から連続して建築空間の屋根部分を階段状に上がっていく「都市公園」の完成だ。福岡市民には「アクロス山」と呼ばれるようにまでなった。デザインアクセスの仕方に

11.3 都市をどのように捉えるのか？

よっては，建築とは都市に対して大変有意義な空間に変貌する面白さがある．

11.3.3 都市の中の界隈を探る　世田谷中町

空間デザイン研究室では，産学連携プロジェクトとして，東急不動産によるグランクレール世田谷中町（高齢者向け集合住宅）とブランズシティ世田谷中町（分譲集合住宅）が位置する，東京都世田谷区中町における多世代交流を目指した地域研究提案を行っている（2019年現在）．社会が複雑化した現在，20世紀型のセクショナリズムでは，もう世の中は進んではいかない．都市の中の小さな一地域に目を向けてみよう．もともと，まち自体，人間も建築も多世代でできているが，これからのまちづくりは，そのような大きな視点を持ちながら，「接しているそれぞれの地域の境界をいかにして溶かしていくか」がテーマだと考えている．昔は大家族同士のご近所付き合いが普通であったので，良いことも悪いこともまちの記憶の中に存在していたが，今は土地が敷地境界で仕切られているのと同様に，その人間関係も記憶さえも断片的である．そこで，地域が蓄えてきた，気が付いていない価値を再発見することで少しずつ境界を溶かしてつなげていき，「界隈」の再構築をしたいと考えている．つまり，「界隈」という住民同士がある程度心を許して私生活をさらすことができる，空気・気配の醸成である．中町は名の通った5つの有名なまちで囲まれているが，「無名」な中町に対して多

図11.6　天神公園から見るアクロス福岡

図11.7　5つの町に囲まれた中町（空間デザイン研究室）

世代交流をもとに再構築していくのである（図 11.7）。

11.4　ネオ・インフラストラクチャー空間をめざして

　第二次世界大戦以後，目覚ましい発展を遂げた日本において，現在では誰もが口にするインフラストラクチャー（infrastructure）という語が認識されるようになったのはそれほど昔のことではない。インフラストラクチャーという語からは，一般的に土木工学の分野の仕事をイメージする。すなわち土地に定着した工作物や構造物として，国民の経済の発展に必要な公共施設を示している。日本語ではさらに，社会基盤や社会インフラと呼ばれるようになっている。「インフラストラクチャーとは何かをあえて定義すると，社会全体の活動を支える社会共用の施設（固定資産）であると言うことができ，その意味で社会基盤施設という語で表現するのが最も適切なようである」（中村ほか，2017）。

　インフラストラクチャーの整備は直近の 20 年で大幅に落ち込んだ事実より，早急にその提案と実行をすべきである。特に，大規模な震災被害に対する準備は早急な課題といえる。

11.4.1　外濠再生構想

　千代田区，新宿区，港区の 3 つの区にまたがり，飯田橋駅から四ツ谷駅間のJR 中央線沿いに広がる外濠（そとぼり）は，東京都心部では数少ない水と緑を持ったオープンスペースである。この外濠は江戸城防衛を目的として 1636 年に徳川幕府により開削が行われた。しかし明治維新後に市街地や交通機関の発展があり，戦後は復興のために埋め立てられるなど，年月を経て当初の機能を失った外濠は，残念ながら文化財として認識されていない。また豊かな水源が活用されていない現状を見たとき，これらが東京にとって大きな損失であると筆者は感じた。そこでわれわれ空間デザイン研究室では，この文化財なるインフラストラクチャーと空間が日常生活の中で活かされ，歴史がわれわれのライフスタイルと結び付くための歴史的遺構の積極的活用デザインを提案した（図 11.8）。さまざまなシーンに対応し多くの人を水辺空間に誘い込む，活力のあふれる親水空間の実現。さらに，いつ訪れるとも知れぬ災害に備え，多様な利用方法に対処可能な空間を設け，非常時に避難可能な機能を併せ持ち，適宜更新可能な都市におけるオープンスペースの提案が，無常観という美意識を想起させ，品格あるまちづくりを発展させる機運を高めることを期待するのである。

図 11.8　外濠再生計画―市ヶ谷方向への眺め（空間デザイン研究室）

11.4.2　津波垂直型避難施設（TVEF）

　日本における海溝型の大地震津波が懸念されている中で，東海，南海トラフ型だけではなく千島海溝や日本海側でもその危険性が指摘されている。発生すれば甚大な被害をもたらす最大クラスの津波：L2 のハザードに対しては，安全に避難し人命を助けることが第一義である。その意味で平坦地の海岸地域における垂直型避難施設整備は非常に有効な手段である。全国に点在する既存の避難施設はまだ希少であり，現在までに海岸部における垂直型避難施設に関する有効な設計手法とデザインは確立されていない。各沿岸部の自治体で設置が進められるも，設置の安全基準はなく，各地域の事情により設置されている。しかも，景観に考慮したものはなく，施設が緊急時にしか使用されないことにより，日常生活においてはただ単に巨大な構築物として放置されてしまっていることが多い。また，景観上，風光明媚な日本の海岸美を損なうものではあってはならないため，都市交通動線も含めた地域性も考慮した，海岸景観に配慮した垂直津波避難施設（Tsunami Vertical Evacuation Facility）デザインを提示して整備を誘導することに，この研究提案の意義がある（図 11.9）。今後，研究エリアを拡げてデザインの深化を計っていく。

図11.9 津波垂直型避難施設 TVEF
（空間デザイン研究室）

11.5 空間をデザインするということ

　都市をデザインするということは，文化を含めた私たちの日常の生活空間を丁寧に考えることに他ならない。丹下健三やアーキグラム，スーパースタジオらの1960年代以降，われわれは積極的に都市を考えることと，デザインすることを，少しの間怠けていたのかもしれない。大都市では地域再開発が盛んに進められているが，大きな視点に立つときが来たのではないだろうか。日本は成熟したが，同時に時代と共に多くの矛盾と摩擦を抱くようになった。日本の総人口に対して在留外国人の人口比率は約2％ではあるが，大都市圏を中心に増加のトレンドにあり，特に生産年齢人口においての伸びが大きい。そして，目の当たりにする災害に対して無力ではいられない。明日に向けて私たちが取り組むべき課題はとても多い。都市生活学部・空間デザイン研究室では，空間デザインを生き物である都市と共に協調して，日常見過ごしていることを都市のために，提案し続けるのである。

参 考 文 献
[1] Barnett, Jonathan（1986）：The Elusive City, Harper & Row.
[2] Koolhaas, Rem（1995）：Delirious New York, Thames & Hudson.
[3] 中村英夫ほか著（2017）：インフラストラクチャー概論，日経BP社.

第 12 章　アーバンキャンプによるアーバニズム

〔中島　伸〕

12.1　都市生活学と都市デザイン

　都市生活学における都市デザインの役割は，都市生活における問題解決や生活を豊かにする改善を空間という観点から行うことである。古代から，時の為政者という個人によって，都市全体の形を決める時代もこれまでになかったわけではない。しかし，現代の都市を眺めてみれば，それは個々人の生活や活動を実現する，よりよくするための空間づくりの結果が集積した総体が都市となっている。都市デザインは，こうした個々の空間づくりを調整し，あるべき方向を指し示そうとする取組みとも言い換えることができる。

12.1.1　アーバニズムとは

　都市デザインの1つのアプローチ，考え方としてアーバニズムというものがある。アーバニズムとは，本書では人々が自らの生活の中で自身の生活と都市空間，環境を改善していく試みや運動と定義したい。より良く生きるために都市をより良くしていくこと。また，都市をより良くすることが，より良く生きることにつながることを目指したい。つまり，都市生活学で学ぶこととは，①都市生活をより良くするための知恵，技術を学ぶこと（都市デザインではそのための空間デザインを学ぶ），そして，②あなた自身がより良く都市生活を送ろうとすること（都市デザインはそのための空間や暮らしの良さを体感し，よく知ろうとすること）の大きく2つがあると考える。誰か周囲に生きる人たちの暮らしをより良いものにすること，そのためのさまざまな方法を学ぶことが都市生活学であり，そうした暮らしづくりや他者への振舞いをすること自体があなた（これを読む読者）自身にとっての幸せであるような社会を目指すことが都市生活学である。

12.1.2　アーバンキャンプという実験的都市生活の体験

　では，より良く生きるためにはどのように都市デザインをすればよいだろうか。そのためには，都市生活を能動的に暮らすこと，受動的な生活を解放する必要が

ある。自らの都市生活を自らの手で組み立て直す必要があるのだ。そこで，端的に能動的な都市生活を送るための実験として都市の中で行うキャンプ，「アーバンキャンプ」を提案したい。通常，大自然に囲まれた中で行う野外レクリエーションであるキャンプを街中で行うものである。アーバンキャンプを通じて，多くの人は，都市で生活する体験に新鮮な視点を得ることができる。

　そもそもキャンプとは，大自然の山の中であろうと都市部の空地であろうと，自らの生活環境を仮の宿営地で再構成する作業といえる。普段の住み慣れた家を離れた場所にテントを張り，そこで数泊の居住環境を立ち上げる。家を建てる大工などもちろんいない。自分の力で＝DIY で居住環境をつくる。山であれば，近くの林から薪となる枯れ木を集めてくることも必要かもしれない。水の確保も必要だ。周囲の環境から数日生き延びるための〈資源〉を自ら採集してくるのがキャンプの醍醐味だろう。では，街中でキャンプをするのと山でキャンプをするのとでは何が違うか。それは採集してくる〈資源〉が異なるのだ。都市空間にあるさまざまな〈資源〉が街中のテントを張った場所に体験的に集められてくる。都市生活がキャンプによって，日常とは異なる編集された生活体験として見えてくる。アーバンキャンプは，キャンプをアーバニズムに取り入れることで，キャンピングアーバニズムと呼ぶことができるだろう。

12.2 都市に生きる能動性を開放するアーバンキャンプ

12.2.1 アーバンキャンプのはじまり

　アーバンキャンプ（図 12.1）は，トランスアートトーキョー（TAT）というアートフェスで，東京藝術大学の教授でアーティストでもある中村政人氏の呼びかけに集まった 5 人のメンバーによって企画された。この 5 人は，いずれも TAT の対象エリアである神田から上野，本郷界隈で活動している建築家，編集者，アーティスト，大学教員などの若手メンバーである[*1]。

　アーバンキャンプ（図 12.1）は，2015 年に開催された TAT 第 3 回のときに

[*1] 田中元子（mosaki, 建築コミュニケーター／ライター），大西正紀（mosaki, 編集者／建築家），中島伸（東京大学大学院工学系研究科都市工学専攻　助教），BARBARA DARLINg（アーティスト），落合正行（建築家，日本大学理工学部まちづくり工学科　助手），牧野晃王（株式会社エッジ／2014 年より参画），一般社団法人非営利芸術活動団体コマンド N。肩書きはアーバンキャンププロジェクトを始めた 2013 年当時のもの。

企画された。当初 TAT は，神田から郊外へ移転した東京電機大学のキャンパスの建物を使って，アーティストが地域のさまざまな技術，活動と連動するアーツ展として，地域住民や企業などさまざまな立場の人が出入りしてさまざまなプロジェクトを行う東京のアートイベントとしては，特色あるアートフェスであった。

図 12.1 アーバンキャンプ（2015 年）

第 3 回 TAT となる 2015 年は，会場であった東京電機大学跡地のキャンパス移転に伴う工事が進み，ビルの解体が進み，一部地下を残して，更地の状態であった。メンバーの一人，mosaki の田中元子は「このだだっ広い場所で寝転がれたら，どんなに豊かなことだろう！」と言った。当時，筆者は神田地域の都市居住とまちづくりをテーマに調査研究を進めていたので，この場所で神田の仮住まい体験ができるのはいいなと思い，すぐにキャンプというアイディアは形になっていった。建築家の落合正之はテントが立ち上がっていく空間を構想し，大西正紀によって続々とアーバンキャンプは企画の形ができていった。アーティストのバーバラ・ダーリンは，都市の真ん中で自由に寝泊まりできることを 2011 年にニューヨークで起きたデモ運動「オキュパイウォールストリート」を引き合いに出し，公共空間の政治性について考えていた。それぞれの関心事がアーバンキャンプの実現に寄与した。

12.2.2 アーバンキャンプに参加する人たちのさまざまなアクティビティ

しかし，企画の準備を進めてきて，われわれにはどのような人たちが何を望んでこの街中でキャンプをするという企画に反応するのか，正直に言ってわかっていなかった。自信もなかった。そこで，神田のかりそめの住人になってもらうという趣旨からさまざまなサブプログラムをアーバンキャンプに付随して企画し，これも同時公募した。地元ミュージシャンによるライブ，星空探訪会，神田老舗をめぐる食のまち歩きツアー，早朝ヨガ，地元町会による神輿担ぎ体験等など。どの企画も好評だったが，アーバンキャンプに宿泊参加した人は少なく，またアーバンキャンプの参加者との関わりも薄かった。

アーバンキャンプに参加した人たちを見ていると、まずサイトに来て、テントの設営を終えるとお湯を沸かして、お茶を飲みながら、テントの前で読書したり、のんびりしたり。人によっては、神田を起点に東京観光、近所の美術館めぐりをしたり、銭湯に入りに行ったり、鉄道ガード下の居酒屋で昔の友人と久しぶりに会って飲んできたり、それぞれに思い思いに過ごしていたのだ（図12.2）。

図12.2 それぞれが自由に自分たちのかりそめの居住環境をつくりだす

皇居が近いことに後から気がつき、前からやってみたかったと早朝に皇居の周りをジョギングする人もいた。この人は、思い立ったところで靖国通り沿い小川町のスポーツショップでジョギングウェアを一揃い購入することができた。これも都市ならではの体験だ。キャンプで自炊をするのも楽しい。しかし、都市ではさまざまな食事ができるプログラム（飲食店）もある。普段行かないお店に行ってみたり、そこにはたくさんの発見がある。テントを張り、住む場所を確保したら、あとは好きなように過ごす。キャンパーのリテラシーが、都市にある資源を集めて、能動的なアクティビティを発揮する。むしろ、与えられたプログラムにはほとんど反応しない。それぞれがその場所ならではの資源をもとにやりたいことを見つけて、それぞれに楽しむのである。私たち、企画グループは、アーバンキャンパーがその日何をしてきたのか、話を聞いたりして、その体験をシェアさせてもらい、この街で色々な過ごし方ができることを聞き、感動し、豊かな気持ちになり、この街がさらに好きになった。夜や朝に宿泊者たちとの他愛もないおしゃべりに、一瞬のコミュニティが生まれる。これは何も参加者と企画した筆者らの間ではなく、初めて顔を合わせた参加者同士の会話があちこちで生まれ、一瞬のコミュニティを形成していた。

12.2.3 集まってコミュニケーションを促す場の設え

アーバンキャンプでは、火の使用や電源の供給を1か所に限定して、そこに自然と人が集まるように場を設えている。火の使用の許可が出た場合は、安全性の

12.2 都市に生きる能動性を開放するアーバンキャンプ

観点から場所を限定してゾーニングすることにしているのだが，火の使用許可が出ない場合では，電源の供給を1か所に限定して，そこでお湯を沸かせるようにしたりなどしている．この場所に人が集まり，さっきまで知らない人同士が会話を始める．この場所を私たちは「ムーディーゾーン」と呼んでいる（図12.3，図12.4）．

アーバンキャンプでは，日が暮れてきたらムーディーゾーンにいるとよい．都会でのキャンプというちょっとした非日常な体験．こんな企画に参加する人はいったいどんな人だろう？　それは参加した自分だけではなく，相手もそう思っている．「どうやってこの企画を知ったのですか？」「なぜ来ようと思ったのですか，普段からキャンプするのですか？」挨拶に続いてこんなことを話すことがきっかけで，なにか，仲良くなる．また，せっかくキャンプをしたからチャレンジしてみた料理など，せっかくだから誰かにも食べてもらいたいとお裾分け．そんなやりとりもアーバンキャンプではよく見かける光景だ．また，そんな素敵な経験をしたら，自分も何かつくってみたくなってくる．そんなときに都市はいつでも何かを調達することができる．参加者同士の交流．そして，アーバンキャンプのサイトであるまちが好きになる．アーバンキャンプの価値は，自らコミュニティを生み出し，また，どこかのコミュニティの一部になるという体験にある．

図12.3　緩やかに人が集まりコミュニケーションが生まれるムーディーゾーン

図12.4　一晩明けた朝のムーディーゾーン　普段とは異なる体験をしたことでなんだか顔見知りになったような感覚になる．

12.3 振る舞いを共有すること

12.3.1 3月に開催されたアーバンキャンプ

アーバンキャンプは，その後毎年開催されるTATのプログラムとして東京電機大跡地で3回開催された．また，秋葉原にあるアーツ千代田3331（旧練成中学校をコンバージョンしてつくられたアートセンター）からアーバンキャンプをやらないかと声がかかった．2011年3月11日に発生した東日本大震災をテーマに，3.11後の映画というテーマの映画祭「3.11映画祭」というプログラムを毎年3月に行っていて（現在では終了），そこで併設プロジェクトとしてアーバンキャンプを2回実施した．アーバンキャンプは，他の地域で行われているいわゆる防災キャンプとは異なる．災害時を想定して行う防災キャンプとは異なり，アーバンキャンプではキャンプを通じて人が生き生きとする姿を見て，また，自由に語り合う，そんな交流を一緒に共有したかった．

12.3.2 個人の振る舞いのコミュニケーションを発現するワークショップ

そこで，アイディアをまた田中元子が口にした．アーバンキャンプと合わせて，「館内のスペースをジャックしたお茶を振る舞う場をつくる〈アーバン喫茶ワークショップ〉をやろう」と．田中元子はいつも突拍子もなく，魅力的なアイディアを出してくれる．最初はいつも「それは何だろう？」と考えさせられる．しかし，私はすぐに「3.11映画祭」の企画としてこのアーバン喫茶ワークショップが，東日本大震災の被災地で復興の現場や避難所や仮設住宅で語られる「お茶っこしよう」という，地元の人々がよく口にする近所の挨拶のそれと同じだと思った．近所の人に，これから話し合いを始めようと集まった人たちに，お茶っこを振る舞うこと．コミュニケーションのきっかけづくりをデザインすること．そのことがワークショップで体験できるようにプログラムしたのだった（図12.5）．3.11映画祭でのアーバンキャンプは，3月の東京で行

図12.5　アーバン喫茶ワークショップでかりそめの振る舞い喫茶が生まれた

われた。もちろん寒い。当然，2011年3月11日の三陸海岸などの被災地沿岸部の地域も寒かっただろう。温かいお茶を振る舞うこと，寒空の東京でキャンプすること。特段何か被災地のことについて直接的に私たちは語り合う場を設けることはしなかった。しかし，それを想像することはおそらく参加者はできたはずだ。

　当日のワークショップに集まった人々はそれぞれに思い思いのお茶や趣向を振る舞っていた。お花をお茶とお茶菓子を合わせてくれた人。ちゃぶ台を囲んで訪れた人と楽しく談笑していた人。自分が大好きな趣味などについて，さまざまな話を聞かせてくれる人。いつもお菓子を菓子盆に入れて持ち歩き人に振る舞う人（彼は「逆托鉢」と呼んでいた）などなど。初めて出会った人たちからさまざまなコミュニケーションが生まれる光景は奇跡のような，でも当たり前の日常の光景をちょっと強調して見せているような，そんな不思議な光景だった。mosakiの2人はこの振る舞いワークショップをのちにマイパブリックプロジェクトとして展開していくことになる（田中，2017）が，アーバンキャンプでは，様々な場面でこうした他者へのコミュニケーションを伴った振る舞いが生まれているのである。

12.4 キャンピングアーバニズムとしてのアーバンキャンプ

　冒頭，アーバンキャンプのことをキャンピングアーバニズムと呼んだ。アーバニズムという視点をアーバンキャンプに与えることで，見えてくる特徴，価値について，今一度整理してみたい（図12.6）。

　まず1点目は，アーバンブリコラージュである。ブリコラージュとは，フランスの文化人類学者であったクロード・レヴィ＝ストロースが非西洋社会の未開原住民について現地に入り，そこで暮らしながら調査する中で，彼らがあり合わせのモノを組み合わせて，道具をつくり，生活を構成していることに気がつき，これをブリコラージュと呼んだことにある。アーバンキャンプでは，街中の資源を各自が発見し，それぞれのキャンプ生活に貪欲に取り入れる。先ほどのムーディーゾーンで何か振る舞われた人は，自分もこうした振る舞いがしたくなる。そして，何か思いついたときには，周囲のお店に行くと良い。コンビニでも構わない。そこでのひらめきが何かささやかな周りの人を喜ばせる何かをすることができる。ワインを買ってきて，温めてホットワインを作ったり，マシュマロと竹串を買ってきて，火にあぶって皆で食べてみたり。都市にはさまざまな資源があり，それを集めてきて，隣にいた人とささやかな喜びを分かち合うことができる。

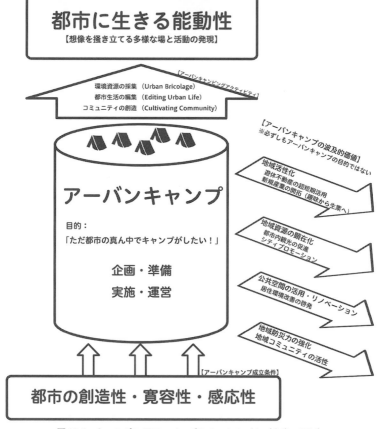

図12.6 キャンピングアーバニズムのコンセプト（中島，2016）

2点目は，都市生活の再編集とでもいおうか。アーバンキャンプは，ホテルや旅館に泊まる旅とは少し異なる。寝泊まりする場所を自ら確保し，テントを立て，あとの活動をその街の中で行うことになる。夕食をどうするか，どこに遊びに行くか，どこで何をするか。その街で可能なことを考えて，それぞれが思い思いに過ごすそれらは，その街での暮らしを体験的に再編集しているとも言える。もし自分がこの街に住んだら，どんな暮らし方ができるだろうか。私たちはアーバン

キャンプを通じて，その街の魅力を知ることになるのである。

　3点目は，アーバニズムを標榜してみたが，アーバンキャンプ自体はまちづくりのプログラムではないということである。アーバンキャンプを行ったところで，その街が良くなるということは直接的にはないだろう。しかし，良い街ではアーバンキャンプができるのである。アーバンキャンプが成立するには，さまざまな条件が揃わないといけない。キャンプサイトとなる場所の所有者や管理者の理解と協力，周囲に住む人々の理解も欠かせない。神田で最初のアーバンキャンプを行ったとき，筆者が最初に地域の町会の方たちにアーバンキャンプの企画の相談に上がったとき地域の町会の方たちは，「街中でキャンプだなんて，酔狂なこと考えるねぇ」「この街は決して住みよい街でも何でもないよ」「でも，ここに住まざるをえなくて，近所の付き合いがあって，だからいるんだよ」などと話しながら，でも，私たちがここでキャンプしたい，皆さんの暮らしを疑似体験してみたいという話を続けているうちに，「じゃあ，町会で神輿出してきてやろうか？神輿担ぎ体験とかどうだい？」と乗ってきてくれた。この面白がりと理解して受け止めてくれる土壌こそが神田の魅力だと思った。そして，そんな街には，キャンパーが何かしてみたいなと思う魅力が必要だ。しかし，この点はあまり心配する必要はないだろう。その街らしい暮らしに日常に潜む魅力は大なり小なり街には備わっており，アーバンキャンパー自身がこれらを見つけてくれるからだ。

12.5　アーバンキャンプの波及的価値

12.5.1　何かのためにアーバンキャンプをやらないこと

　アーバンキャンプをこれまで続けてきて，アーバンキャンプという体験自体が1つの価値であり，私たちは本当にただ，ただ街中で誰かと一緒にキャンプがしたいのだなと考えている。普段まちづくりに従事している筆者であるが，われわれは何かのためにアーバンキャンプをやっているのではない。

　しかし，これだけ地域で能動的な地域の資源を活かしたアクティビティが発現するということは，波及的価値があることも確かである。先述の3.11映画祭の会場であるアーツ千代田3331は，千代田区の一時避難施設に指定されている。一時避難施設とは，首都直下地震などが発災したときに，郊外から通ってきている通勤者や通学者，来街者などは無理に帰宅しようとせずに状況が落ち着くまでそこで一時避難するための施設である。コミュニティアートを掲げているアーツ千代田3331は，当然地域の地元町会と連携した防災訓練を実施しているが，第

三者である外部の来街者を巻き込んだ防災訓練は行ったことがなかった。そこで，今度は行政の担当者にアーバンキャンププロジェクトについて相談してみたところ，区の防災用品の大釜を借りることができ，スタッフがつくる温かいスープを振る舞うことができた。アーバンキャンプは，決して防災キャンプではないが，行政にとって，防災活動の一環としての価値側面からプロジェクトのサポートが得られたのだ。

　暮らしを再編集するアーバンキャンプには，こうした開かれた価値の接続があり，こうした接続こそアーバンキャンプの態度ともいうことができるだろう。

12.5.2　日常と異日常の狭間を行き来するアーバンキャンプ

　アーバンキャンプをしていると，兎角，普段キャンプするような場所ではないところで宿泊体験するという非日常性に着目されることがある。しかし，アーバンキャンプにとって，テントを張ってそこで寝泊まりするということはきっかけに過ぎない。その街で自分の居場所になるような場所を探したり，友達と終電を気にせず居酒屋で飲み語りあったり，外でゆっくり読書をしたりするという活動は，普段の自分の日常の延長であり，また普段の自分とは異なるその街で流れる時間や空気を体感する誰かの日常（異日常）の体験でもある。

　テントという環境は普段の生活よりも隣人をダイレクトに感じる。はじめて会うこの隣人とのコミュニケーションを通じてささやかな幸せを共有し，皆が優しくなれる。そんな暮らしが日常でも可能になるはずだ。アーバンキャンプはそんな日常への可能性のきっかけを与えてくれている。

参 考 文 献
［1］　田中元子（2017）：マイパブリックとグランドレベル，晶文社.

第13章　インテリアデザイン3.0へ

〔髙栁英明〕

13.1　研究室は「最後の秘密基地」である

　本書の執筆依頼テーマは「都市のイノベーション」であるのだが，正直今更イノベーションといわれても個人的には全くもってピンと来ないし，その用語の使い方も実に安易だなあと思ってしまう。そんな事をいわれなくても，インテリアや建築設計デザインの分野はそれぞれの現場が完全なる受注生産の，世界に一つしかないオーダーメイドだから，毎度毎度がイノベーションであり，時代の流れだろうと流行りだろうと関係なく，はや23年，ずっとイノベーションの道を学生と共にやってきた。

　大学での研究の，新規性のある知見がイノベーションなのかというと，それもまた疑問に思う。大学というアカデミズムの中だけでいくらイノベーションを叫んでも，所詮は井の中の蛙が小虫を追いかけて得意げになっているだけだし，そうした滑稽な状況を何とかしなさいとして，中央省庁がしきりに他分野協働とか，イノベーション工学を唱え出した。事実，世間や国家は，国際社会の競争での技術後退や，知的生産性の弱体化に悩んでいる。だからますますイノベーションや国際化なのだろう。それもよくわかる。

　だが事実として，社会の最前線でそれらの問題に日々対処し悩み苦しんでいるのは，あの頃，筆者の研究室を晴れがましく卒業していったOBOGの，彼ら彼女らである。社会人1, 2年目はビジネス環境に慣れるのに必死だった彼らも，7, 8年も経つとプロジェクトの責任者に任命され，自分で物事が動かせるようになっている。人生訓をもじったVSOPでいう「V」すなわち「バイタリティ」の発揮時期だ。順風満帆の彼らだが，それでもやっぱり，悩んでいる。自分は，あるいは社会は本当にこれでいいのかと。VSOPの次なるステージ「S」つまり「スペシャリティ」とはなんなんだろうかと。久しぶりに再会し共にグラスを傾けていると，最前線で活躍する彼らの口からは次々と，本当はああしたい，こうすればもっと良くなるのにといった，肩書や組織の枠を超えた，貴重なイノベーションの種がこぼれてくる。ルールや上下関係に従わなければならない社会人，制約

や予算に雁字搦めにされているからこそ，そこから抜け出し翼を広げたいと願っているのが，本当によくわかる。だから僕は，彼らにこういう。そんなにいい種を持ってるなら飛び立ったらいいじゃないか，会社や社会がとりあってくれないのならば自分で事業を起こせばいいじゃないかと。一人じゃ不安なら，大学と一緒にやろうじゃないか。上手くいったら共に笑おう。上手くいかなかったら，責任半々で持とう。そうして彼らをけしかけた種の数々が，いままさに開花の時期に来ている。これこそが，我々大学教員にしかできないイノベーションではなかろうか。きらきらしたイメージとは程遠い，悩み，鬱屈し，崖っぷちに立たされ，そこから見た世の中を，自分を，どうやったらより良くしていけるんだろう，そんなハートと信念からこそ，イノベーションが生まれるんじゃなかろうか。それは，暖かく，他人に優しく，自然で嘘のない，知恵だけじゃ生まれない，生正味の漆がごとく，深く美しく，艶を持つだろう。弾け飛ぶ花火のような眩しさではなく，1本のロウソクの，柔らかな灯火のように，永く，暖かく，照らし続けるだろう。

　ここに僕の研究室の卒業生が，在学中あるいは社会に出てから再会し，共につくりあげた，いくつかの灯火を紹介する。各々のシーズは，それなりに社会や都市で役に立っているし，特異な魅力を備えている。が，それ以上に，それらを創り上げた喜びに満ちていて，それらが遺伝子になり，次のデザインやアイデアを生み出してくれている。

　もうひとつ，イノベーションの観点から見て気付かされたのは，女性の発想力が本当に面白いことである。突拍子もなく，奇想天外で，はじめは受け入れ難いアイデアだったりするが，辛抱強く見守っていると大きく花開く。生物学上，挑戦の遺伝子構造を持つのは男子だが，発想に関しては，女性の視点は実に果敢である。彼女らの今後の成長に，大いに期待するところである。

　研究とは，勉強ではない。一生を捧げ，永く楽しめる，カネで買えない喜びである。そして大学とは，単位をとって卒業証書をもらうだけの場所ではないし，研究室とは，卒業してから，本当の探求の旅を始める出発点なのである。大磯の「吉田学校」でもないだろうが，その後社会に出ても，いつでも，いくつになっても，好きに集まって共に研究できる「最後の秘密基地」なのである。

　生き方は，一人で決めなくていい。志を共にする気の合う仲間で集まって，秘密基地でゆっくり見つければいい。昨今の管理社会・管理教育のもと，唯一の牙城であり，残され島の秘密基地で。研究室へようこそ。

13.2　インテリアデザイン 3.0 のすすめ

　イノベーションの観点からもう一考するとしよう。これまでの「インテリアデザイン」は，デザイン系大学や専門学校では「家政学」や「生活デザイン学」として扱われてきており，服飾やアパレル学に親しく並んで輝いていた。また，インテリアデザイナーという言葉のポピュラーさや華々しい印象から，多くの若者が憧れる職業の1つとして定着しているのも事実である。しかし，本当はそうあるべきではない。インテリアデザインは，人間行動学とセットで考えると，非常に興味深いデザイン科学であり，奥深く，探求し甲斐のある人間空間学なのである。にもかかわらず，従前のインテリアデザイン教育では，初学者や駆け出しデザイナーに対して，その妙味にたどり着く道筋がうまく示せていなかったように感じている。

　東京都市大学のインテリアプランニング研究室は，前身の武蔵工業大学・東横女子短期大学の生活空間デザイン学講座にその源流を持っている。東京・世田谷でインテリアを学びたい学生には，絶好の研究環境であると言えるのだが，従前のインテリアデザイン教育は，端的にいえばテキストさえあれば誰でも学べる「形式知」の集積であった。これを私は便宜的に「インテリアデザイン 1.0」と呼んでいる。学部の初等教育ではこの 1.0 で十分であるが，実際に自らインテリア作品を作ろうとか，建築デザインを提案しようとすると，テキストには書かれていない，その先の暗黙知である「インテリアデザイン 2.0」に挑戦しなければならない。この学問ステージは「誰でも」は学べない。どうしても挑戦のための日常的な環境が必要である。そこで私の研究室では，演習室が持てない学生に対し「知のプラットフォーム」として研究室を開放し「頭は文系，身体は理系」を実践してもらっている。

　さらにその先は「インテリアデザイン 3.0」である。これは簡単にいえば，自分の作品や研究を対外的に発表したり，実際のプロジェクトに応用・展開するステージであり，相当の実践力を要するため，本当にデザインをやりたい学生は，大学院での学びと研究を自らのライフプランに組み込むことを強く推奨する。大学院 2 年間は，何にも束縛されず，好きなことにどれだけでも専念できる，貴重な時間である。人と違う生き方，人に使われたくない生き方，自分の好きなことを仕事にできる生き方を目指すなら，3.0 しかない。是非 3.0 まで登ってきてほしい。

13.3 秘密基地発，インテリアデザイン3.0

　図13.1〜13.6に示すデザイン計画・研究事例は，どれも3.0のステージで私の研究室のOBOGが取り組んできたリサーチシーズである。後にいけばいくほど高度かつ複雑な事象を扱うことになるが，唯一性・特異性が増し，面白く，チャレンジャブルである。老齢少子社会の到来，生活様式の多様化，情報社会の中での都市基盤のダイバーシティなど，インテリアデザインをとりまく環境変化にも考慮しつつ，従来の素材・色彩のコーディネーションや，標準設計を示すインテリア計画では解決できない問題，たとえば「人間の感性を読んで場を創りあげる」や「インスタ映えの謎からショップ計画をたてる」といった，人間空間学のインタラクションからデザイン創発を促し，これまでの形式知では示唆すらされなかった問題にイノベーティブに挑むべく，参考にされたい。

　① インテリアデザイン3.0の論文成果

　表13.1にあげる論文は，どれも私の研究室を卒業したOBOGと共にまとめた，査読付きの研究論文成果である。彼らなしには研究室はありえない。我がインテリアプランニング研究室は，全く学生で持っている研究組織なのである。

　② 近年の卒論・修論・博士論文テーマ一覧

　これからデザイン分野を目指す学生に向けて，直近の卒論・修論・博士論文テーマを現示しておく（表13.2）。どれも興味深いテーマであり，日本建築学会をはじめ，日本インテリア学会，都市計画学会などで順次発表している。これらを超えるテーマを読者諸氏に期待したい。

13.3 秘密基地発，インテリアデザイン3.0

ワークトップイメージ模型

研究室内に設置した状態

図 13.1 知のプラットフォームづくり

当時卒論生だった大久保くんが施工図を描いてくれて，グループ作業やプレゼンテーション，ゼミ活動など，みんなで使う研究室の多用途ワークトップを制作してくれた。50 mm厚の集成材パネルの切り出しから，トリマーによる接合金具取付，現場管理も徹底していたので，20 m^2 足らずの狭い部屋に，ウッドワークのための工作機械や論文・書籍の収納棚も原状窓高さに併せてしつらえてくれた。実に使いやすい。

竣工写真（鳥瞰写真；太田拓実撮影）

造船工場での鋼板溶接作業

フォトンマップ法による照明シミュレーション

図 13.2 デジタル解析もりもりな住宅計画

我がアトリエでの設計プロジェクトだが，大学院生の尾崎君が，頼んでもいないのにホワイト模型と照明シミュレーションを使ってインテリア検討してくれた。これにより，通常はオフィス照明でのみ扱うタスク・アンビエント照明システムを，生活空間にも導入できた。また鉄板溶接と造船技術で躯体をなすべく，溶接ポイントの星合い点を割り出すために，デジタル頂点解析を行ってくれた。

第13章 インテリアデザイン3.0へ

竣工写真（室内；太田拓実撮影）

窓寸検討の実物大実験

季節展示インスタレーション

窓辺の使われ方全バリエーション

図 13.3 多様な窓辺空間を持つ集合住宅
狭い土地に効率よく建てるも，均質なペンシルビルにしないよう，71種類もの窓があけられているが，これら開口のサイズを決めるにあたっては，池田さんが卒業研究で実物大模型を作って，学園祭の来場者にお菓子を出して，どんな使い方をしてくれるのかを観察調査してくれた。またエントランスデザインは，入居者の小島さんと，当時大学院生だった川勝さん・菅原くんが一緒にデザイン・施工した。菅原くんは特に，共用部 45 m^2 分の床部分に，試験塗料の拭き塗りを何度も試し，墨汁モルタル床を，水性フッ素塗料（AB式）で再現する実験を行ってくれた。

13.3 秘密基地発,インテリアデザイン3.0

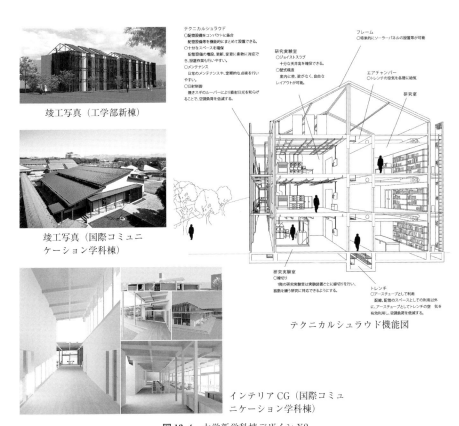

図 13.4 大学新学科棟デザイン X2

大学院の設計演習授業のなかで,大学の新学科棟(滋賀県立大学工学部機械システム工学科棟)の基本設計を学生チームに立案してもらった。工学系研究室は,実験装置の排気管ルートや熱源機器を置く必要があるため,伝統工法である「焼き杉」をテクニカル・シュラウドの材料に選定し,機能と意匠の両立をはかってくれた。また平屋のA7国際講義棟は,大学院生2チームに分かれてコンペ形式で基本計画を立案してもらい,勝者案をデザインビルド入札を経て実際に建設した。どちらの案も,建設費用を低く抑えつつも,挑戦的な提案をして,教員を驚かせてくれた。

第13章 インテリアデザイン3.0へ

図13.5 駅のCIデザイン・タッチレス空間創造

JR東日本フロンティアサービス研究所との共同研究テーマであったが、大学院生だった鈴木さんが、AI型人間行動モデルを作って、デジタル空間内を歩かせ、混雑されない案内サインの配置検討を行ってくれた。また大学院生だった山田くんは、ラッチレスゲート時の、コンコース前での群衆流動の交わり方と歩行負荷を解析できるシステムを構築してくれた。彼はその後、よりいい論文を書いて、企業の研究所から目覚ましい成果を出してくれている。

人間行動の「くせ」を活かした店舗・売り方のデザイン

デパート空間での混雑と賑わいマネジメント

「タッチレス・ゲート」がサービス向上になるか事前に検証

ラッチレスゲート化を仮定した群衆流動検証

新宿駅東口雑踏空間の見通し解析

MA(Multi-Agent)モデルによる雑踏のインビスタ・シミュレーション

避難安全評価から、歩行空間の多様性の創発へ

群衆の流れのすじ

13.3 秘密基地発．インテリアデザイン3.0

空間のリフレッシュ
アビリティ研究

実験実施の様子

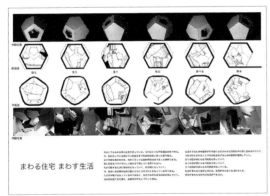

伝説的な卒業制作「自転住宅」

自転住宅はアポロ計画
に通じている

図 13.6 デザイン科学からみた空間デザイン

文部科学省の科研費補助金を得て，大学院生の酒巻くんが実際に実験部屋を原寸サイズで作って，部屋の窓の位置とサイズにより，人間の生理ストレスがどれだけ低下しリフレッシュ効果が生じるのかを，被験者を入室させ唾液中のアミラーゼ値や瞬目値を計測する実験をしてくれた．この結果を基本理念として，図13.3で示した窓デザインが成り立っている．興味深いので追記しておくと，酒巻くんは卒業設計で移動式最小建築空間を実物大で作り，その中で生活できることを実証した伝説的学生である．

表 13.1 インテリアデザイン 3.0 の論文リスト

歩行者の全周異型回避領域の算出とその地域間差異に関する研究. 日本インテリア学会論文報告集, **29**：53-60, 2019 年 3 月

Basic study on elderly tele-nursing model for Emote Nursing by smart device. *Journal of Civil Engineering and Architecture*, **12** (8)：605-614, 2018.8

全天球動画像解析による歩行者の全周異型回避領域の算出に関する研究. 日本インテリア学会論文報告集, **28**：71-76, 2018 年 3 月

市庁舎施設の市民公開空間を対象とした執務空間との時間差併用と賑わい表出の室内計画に関する研究. 日本インテリア学会論文報告集, **28**：57-62, 2018 年 3 月

Traj-Scalar 法による歩行空間の局所混雑の可視化に関する研究. 日本建築学会技術報告集, **22** (52)：1067-1071, 2016 年 10 月

A Study on evaluation method for local congestion in pedestrian space by using of Traj-Scalar model. *AIJ Journal of Technology and Design*, **22** (52)：1067-1071, 2016.10

A study on the evaluation method for local congestion in pedestrian spaces using the Traj-Scalar model. *Journal of Asian Architecture and Building Engineering*, **15** (3)：397-402, 2016.10

A study on understanding Pedestrian flow using Intermittent Recording Images (PIRI). *Journal of Asian Architecture and Building Engineering*, **14** (3)：557-560, 2015.10

家族の介護・介助にかかる移動時間・費用からみた高齢者の遠隔地介護に関する研究. 日本建築学会技術報告集 /*AIJ Journal of Technology and Design*, **49**：1177-1182, 2015.10

自律群衆モデルに基づく広域避難シミュレーションからアプローチした滋賀県大津市における地域防災計画の検討. 日本建築学会技術報告集, **20** (46)：1091-1096, 2014.10

A study on regional urban disaster prevention plans of Otsu City, Shiga Prefecture by using of evacuation simulation and multi-agent pedestrian model. *AIJ Journal of Technology and Design*, **20** (49)：1091-1096, 2014.10

滋賀県大津市における地表面温度を低減する「風の道」創造に向けた樹木—風環境シミュレーションと緑化 計画・植樹方法の検討. 日本建築学会技術報告集 /*AIJ Journal of Technology and Design*, **20** (44)：251-257, 2014.2

倒壊建物による道路閉塞と危険回避行動を考慮した広域避難行動モデルに関する研究. 日本建築学会第 37 回情報・システム・利用・技術シンポジウム論文集 [論文] (2014)：43-48, 2014.12

Collective background extraction for station market area by using location based social network. *Journal of Civil Engineering and Architecture*, **7** (3)：282-289, 2013.3

築年の古い公的賃貸集合住宅の DIY リフォームによる実践的研究. 住宅総合研究財団研究論文集, **33**：171-182, 2007.3 (2007 年 12 月, 都市住宅学会学会賞業績賞受賞論文)

歩行者の最適速度保持行動を考慮した歩行行動モデル – 追従相転移現象に基づく解析数理. 日本建築学会計画系論文, **606**：63-70, 2006.8

13.3 秘密基地発，インテリアデザイン 3.0

表 13.2　近年の卒論・修論・博士論文テーマ一覧

ハムストリング鍛錬と身体機能向上を促す浴槽デザインの提案
デュアル・オムニスコープ動画像解析を用いた生活空間における高齢者・健常者の身体挙動の比較分析
IoT 遠隔介護スマートデバイスを用いた高齢者テレナーシングに関する研究
商業空間・内部空間設計に特化したインテリア BIM の概算・知識ベースの構築
近傍視野の注意力補正と歩行者挙動の連関
第一種低層住居専用地域の窓灯りからみた夜間照明の地域差異に関する研究
BIMx データによる商業空間デザインの VR 評価方法に関する研究
国内外事例にみるカリフォルニアン・インテリアスタイルと色彩感性の差異
山手線新駅プラットフォームデザイン品川新駅「坂曲」
東京湾奥・新山下・京浜運河地区の潮流特性に基づいたフィッシング・ダイアグラムの構築
Beauty-sweet 感性モデルに基づくホテルウェディング環境の創造に関する研究
ダイニング重視型の家族団らん空間に関する研究
照度・グレア効果に着目した丹後ちりめん照明に関する研究
周辺住民を繋ぐ奥沢オーナー併用集合住宅の建築計画
公開空地の利活用向上に関する研究－空間エレメントに着目した実証実験プロジェクトを通じて
オムニ・スコープ動画解析を用いた歩行群衆流内の全周回避最接近領域の指標化に関する研究
藺草（いぐさ）と畳素材がもたらすリラクゼーション効果に関する研究
学習効果を高める作業机と開口部の位置関係との要因分析
街区公園内の遊具を対象とした利用者間のコミュニティ形成に与える効果に関する研究
観光地における店舗テナント入れ替えループ現象に関する研究
都市型水族館を対象とした来場者の水槽前での観覧行動と観覧空間に関する研究
鉄道駅の人身事故等を軽減させるプラットフォームデザイン
アパレル市場のファストブランド化に対するヘリテージブランドの成長戦略
歩行者群衆流の駆け込み横断を誘発させる要因分析
街路樹のある都市景観の画像解析に基づく心理効果に関する研究
Instagram® の投稿画像の分析に基づくカフェ空間デザインの支援手法に関する研究
配置に特徴のある 2 商業店舗における混雑時の誘導方法に関する研究
駅前崖地の高低差を活用した JR 田端駅周辺の再開発と街のブランディング
移動時間・費用からみた高齢者の遠隔地介護における地域間差違に関する研究
キッチン空間を対象とした現代主婦の子供の食育意識に関する研究
折り紙工学に基づく大型ランプシェードの研究
三島旧市街地における伝統的町屋の外観に着目した景観保全・再生に関する基礎的研究
プロジェクションマッピングを利用した 3 次元立体映像による学校教材を想定した卓上模型への投影
　技法
湯河原町商店街地区及び温泉場エリアにおける歩行者の誘導と活性化計画
都市の大型商業施設における屋上庭園の感性的魅力とその役割に関する研究
リラクゼーション効果を増大させるシーズナル・ライティングデザインに関する研究
オフィスワーカーを対象としたターミナル駅近接広場の利便性向上に関する研究
ファッションイメージを変化させるディスプレイ・デザインに関する研究
大学研究施設におけるデスクトップランドスケープデザイン
歩行ストレス軽減を図る雑踏空間に関する研究
カフェ空間における利用者の空間評価因子の差異に関する研究
映画館の座席配置による視界ストレスの軽減に関する研究

第4部　都市のしくみ

第14章　都市とユニバーサルデザイン

〔西山敏樹〕

14.1　ユニバーサルデザイン推進の経緯

　日本国内の高齢者と障がい者の増加により，誰もが快適かつ安全に過ごせる都市・地域開発の重要性が高まっている。並行し，まちづくり過程でユニバーサルデザインの考え方に注目が集まっている。ユニバーサルデザインとは，1985年頃からアメリカでロナルド・メイスが提唱し始めたデザイン哲学である。メイス自身も車いすを使用する障がい者であるという立場から，あらゆる人が快適に暮らすことができるデザインとしてユニバーサルデザインを提唱した。

　日本でも，1985年頃にはバリアフリーのまちづくりの議論がなされていた。バリアフリーは「今のバリアを一定の方法で解消する」考え方で，あくまでもバリアを後からなくすデザイン哲学である。しかし，この考え方では環境ごとの特殊な対応ばかりとなるため非常に高価となり，バリアの解消が進まないことがわかってきた。たとえば，駅の階段に車いすリフトを付ける事例を読者の方も見たことがあるだろう。多様な設計の駅舎に対してリフトの設計を共通化できず，結果的に駅ごとに対応せざるをえず，鉄道事業者が大きな負担を強いられてきた。

　この教訓を受けて，導入当初から誰もが快適で安全に過ごせるような，また共通化された安価な製品やサーヴィスを生活シーンへ投入していく機運が高まり，ユニバーサルデザインの哲学に注目が集まるようになった。メイスが唱えたユニバーサルデザインは，表14.1の7原則で構成されている。

表 14.1　ユニバーサルデザインの7原則

原則1	公平性	誰にでも公平に使用できること
原則2	自由度	使う過程での自由度が高いこと
原則3	単純性	簡単で直感的にわかる使用方法となっていること
原則4	わかりやすさ	必要な情報がすぐに理解できること
原則5	安全性	うっかりエラーや危険につながらないデザインであること
原則6	身体への負担の少なさ	無理な姿勢や強い力なしで楽に使えること
原則7	スペースの確保	使いやすい余裕のある寸法・空間となっていること

14.2　都市イノベーションに資するユニバーサルデザイン研究の実際

　筆者は大学に入学した1994年から今日まで，永らくユニバーサルデザインの研究を進めてきた。このプロセスのなかで，ユニバーサルデザインとともに環境低負荷デザイン推進の哲学であるエコデザインの導入も，世界的に重要視されるようになった。そこで筆者は「ユニバーサルデザイン×エコデザイン」を自身の研究の基本概念に定めた。ユニバーサルデザインは都市生活の衣食住のさまざまな環境創発で重要な哲学であり，「ユニバーサルデザイン×エコデザイン」で付加価値の高い都市イノベーションに資する研究活動を進めている。

14.2.1　都市交通環境のユニバーサルデザイン

　ユニバーサルデザインの分野の本丸は「交通」である。なぜなら「物」や「情報」，「場」という生活上の三大欲求を満たすうえで，大変重要なものが交通だからである。筆者は都市交通環境の改善に向け，次に示す研究を遂行している。

a.　電動低床フルフラットバスの試作開発プロジェクト

　既存のバス車両の車内を読者の皆さんにも思い出してほしい。リヤエンジン式のために車内の後部に大きな段差が生じている。筆者の調査では，バス車内の事故の6割があの大きな段差で起きていることがわかった。これを解消する策として電動低床フルフラットバスの試作開発を行い，筆者は本プロジェクトの中心メンバーを担った（2009年度・環境省「産学官連携環境先端技術普及モデル策定事業」採択プロジェクト）。総額5億円の開発支援を受け，インホイール式モーター，電池などの走行に必要な機器を床下に納める集積台車技術等を統合化し，フルフラットな低床電動バスを初めて世界に示した。この事例では電動車のため，ユニバーサルデザインのみでなくエコデザインも満たす。電動車両はエンジン車両に比べ部品点数が1/3であるため，運転支援という点でも効果的である（図14.1）。

b.　無人駅の安全性向上策・有効活用策を検討するプロジェクト

　無人駅はその多くが昭和時代に整備されたものであり，老朽化の著しい建築物が非常に多い。モータリゼーションの進展で鉄道経営が苦しくなり地方都市に無人駅が増えたが，その裏で放火などの犯罪の温床になることも増えた。無人ゆえに高齢者や障がい者の移動支援を行うスタッフもいなくなった。そこで，東日本旅客鉄道株式会社（JR東日本）との共同研究により，安全なイメージが高くユニバーサルデザインの水準が高い次世代無人駅舎をデザインした。その成果とし

第14章 都市とユニバーサルデザイン

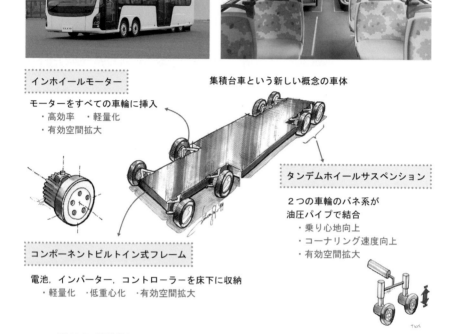

図14.1 電動低床フルフラットバスのエクステリアデザイン（上）と概念図（下）

て，千葉房総地区の無人駅舎がある（図14.2は改善事例の九重駅舎）。オープンな雰囲気で，外から見ても安全で清潔なイメージがうかがえると好評である。あわせて無人駅を地域活動拠点として活用したいというNPOや起業者も出てきており，そうしたコミュニティ内の活動を支援するための無人駅舎のあり方についても共同研究を行った。

14.2.2 パーソナルモビリティのユニバーサルデザイン

ユニバーサルデザインは，製品開発でも重要なデザイン哲学である。誰もが利用しやすくするということが，近年では非常に重視されている。筆者は個人の地域内移動，建物内移動に資するパーソナルモビリティの研究を進めている。

14.2 都市イノベーションに資するユニバーサルデザイン研究の実際

図14.2 JR 東日本の九重駅
無人駅改善プロジェクトの成果が反映される。

a. 日本向けの高機能次世代車いすの検討プロジェクト

バブル経済の崩壊で，永らく日本は不況に陥った．しかし高齢者や障がい者の増加に歯止めはかからない．そういう社会構図の下では，インフラの改良とともに車いすを高機能化させて，それをユニバーサルデザインにして社会普及を図ることも必要との考え方が，福祉の世界に生まれた．そこで，iBOT^{TM}というセグウェイの車体安定機能（ジャイロセンサー）を活かしたアメリカ生まれの車いす（図14.3）の日本版について，ジョンソン・エンド・ジョンソン株式会社と共同研究を行った．日本人や国内の環境に合った最適な寸法を割り出し，日本向けのコンパクトな仕様について，ユニバーサルデザイン型の次世代高機能車いすの姿としてまとめた．スーパーの高い棚に車いすに乗ったままアクセス可能，海岸や山道を乗車したまま走行できるなど，より効果的な移動支援の可能性を示した．

b. 屋外用電動パーソナルモビリティの研究プロジェクト

モータリゼーションが進み，日本国内でも高齢者と障がい者，また免許不所持者の移動支援が大きな問題になっている．そこで，ひとつの解決策として永らく注目が集まっているのが，屋外用の

図14.3 階段昇降・高さの調節・荒地走行が可能な iBOT^{TM}

図 14.4 屋外用の自動運転式電動車両（左：乗用，右：物品運搬用）

自動運転車両のシェアリングである。筆者らは，この自動運転型のパーソナルモビリティを試作開発した（文部科学省科学技術振興調整費・先端融合領域イノベーション創出拠点の形成・平成 19 年度採択）。こうした自動運転型車両を地域でシェアすれば，スマートフォンなどで予約するだけで移動が可能となる。バスやタクシーの乗務員不足が社会問題化しているが，人件費や人材確保も考える必要がなくなり，効率的で効果的に多様な市民の移動を支援できる。同時に，自動運転型の電動物流車両も試作した（図 14.4）。

c．病院を中心にした屋内用電動自動運転車両の試作開発プロジェクト

筆者の調査では，65 歳以上の高齢者が大規模病院に通院すると，診察が終わるまでに診療室や検査室など計 6 か所を経由して平均 285 m 歩いていることがわかった。また病院のどこに行けばよいのか，今どこにいるかがわからないなど，空間認知能力の低下も問題として抽出された。そこで，受付から会計までの全移動を効果的に支援できる屋内用の自動運転車両が必要との問題意識に至り，株式会社豊田自動織機および伊藤忠商事株式会社と共同研究を行った。停留所で車を呼び出し，行きたい場所を選べば，該当する診察室や検査室まで自動で運んでくれる。この車両は 2014 年度のグッドデザイン賞を受賞し，病院だけでなくショッピングセンターや空港，駅の中でのあらゆる人々の移動支援に利用可能ということから，ユニバーサルデザインとエコデザインの融合例として当時注目を集めた（図 14.5）。

14.2.3 物流のユニバーサルデザイン

近年では，高齢者や障がい者などが買物難民となっていることが問題化している。また，物流を担うドライバーの不足と高齢化から安全な輸送環境作りも急が

れるなかで，筆者は以下のような研究を推進している。

a. 高齢者や障がい者などの買物支援策の研究プロジェクト

大型量販店の増加や個人商店の衰退により，高齢者や障がい者の買物が困難なケースが増加している。一方で，食に対する安全・安心と新鮮さを求める住民の声も考慮し，スマートフォンで発注・決済を簡単に行え，新鮮な野菜が農家から直接運

図14.5　屋内向けの自動運転式電動車両
（2014年度グッドデザイン賞）

ばれる買物支援システムを筆者は開発し社会実験を進めている。キー技術は「ロゴQ」というQRコードのカラー版である。予めスマートフォンへクレジットカード情報を登録すれば，欲しい野菜のロゴQをスマートフォンで読み取るだけで発注・決済が終わる。具体的には，消費者はロゴQ掲載のチラシのコードを読み取るだけでよい（図14.6）。日本語のわからない外国人の支援にもなり，ユニバーサルデザイン度も高い。この研究は，文部科学省平成29年度「私立大学研

図14.6　買物支援システムで用いているロゴQが印刷されたチラシ

第14章 都市とユニバーサルデザイン

究ブランディング事業」の下で進めている。

b. あらゆる運転者を支援する電動コンテナトラクタヘッドのプロジェクト

上記の通り，電動車両はエンジン車両の部品点数の1/3で成立する。それゆえ電動コンテナトラクタヘッドの実現に対する業界ニーズも高い。コンテナトラクタヘッドでの操作で大きなコンテナ貨物を運ぶ形になり，運転者のストレスも強く，コンテナを置く港湾環境でのエコデザイン化も期待されている。その電動コンテナトラクタヘッドの実現可能性を三井倉庫株式会社と共同研究したことがある。コンテナ運搬の頻度が高い区間での動力要件を実運行から調べて，電動化で必要な電池搭載量やモーターの仕様を割り出し，実現可能性を検討した。結果的に，理論上は高齢運転者でも疲れにくいユニバーサルデザインとエコデザインが融合した電動コンテナトラクタヘッドの実現可能性を，片道80 kmほどの運行レベルで示した（図14.7）。今後はこの試作を目指していきたい。

14.2.4 観光のユニバーサルデザイン

近年，生活上の愉しみである観光環境のユニバーサルデザインも重要なトピッ

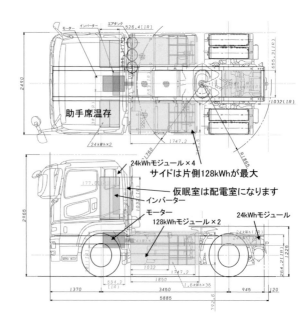

図14.7 電動コンテナトラクタヘッドの検討デザイン

クになっている。

a．高速道路休憩施設のユニバーサルデザイン化を目指したプロジェクト

　これは日本道路公団（現 NEXCO）との共同研究である．既存の東名高速道路のサービスエリアおよびパーキングエリアのトイレ，レストラン，物販施設などを高齢者・障がい者の視座から評価して問題点を抽出し，以後の整備指針をユニバーサルデザインの考え方でまとめたものである．これは，現在開通している新東名高速道路を視野に入れたものでもあった．該当するトイレ，レストラン，物販施設の寸法を一つひとつ丁寧に計測調査して再評価を行い，その結果に基づき，高齢者や障がい者，子どもを連れている親などの意見を交えて，ユニバーサルデザインの整備方向性を示した．こうした調査研究が，現在の各所の休憩施設の更新・整備に役立てられている．

b．ロゴ Q による観光ユニバーサルデザイン推進プロジェクト

　前述したカラーコード「ロゴ Q」は，まさしく IoT 時代のインターネットの入口になる．色と絵，画像を QR コードに加えることで，あらゆる人の視認性を高めることができる．印刷の技術に強い A・T コミュニケーションズ株式会社と共同研究を行っている．たとえば，ロゴ Q に国旗を刷り込む（図 14.8）．そして外国人が，自分の使う言語に縁の深い国旗のコードをスマートフォンで読み取ると，その言語による観光案内が流れてくる有用な仕掛けである．まさにあらゆる外国人のモビリティを支援することができる．観光案内に用いることを目下想定しているが，レストランのメニュー，病院での診察案内など，応用範囲を次第に広げる予定である．この技術は案内に関わる人件費や設備費などのコスト削減にもつながり，ユニバーサルデザインの度合いも高まる．

図 14.8　外国人の行動を支援する国旗を刷り込んだロゴ Q

14.2.5 床材のユニバーサルデザイン（高度防滑性床材の研究プロジェクト）

鉄道やバスなどの交通車両の車内では，高齢者を中心とした転倒事故数が多い．急ブレーキのときや雨天時など，車内に意外と危険が多いことが筆者の調査でわかった．これを受け，筆者は石英石を用いた高度防滑性床材の普及を目指した研究プロジェクトを三池工業株式会社と推進してきた．石英石を用いることでエコデザインも実現し，それを砕きさまざまな靴との相性を研究して「すべりにくく・つまずきにくい状態」の最適な滑り抵抗値（C.S.R=0.85）を達成した床材である．鉄道やバスの車内に試験的に敷設して，実運用中にユニバーサルデザインな床材として高い評価を市民から得られた．この床材は，東海道新幹線ホームの車両出入口部分や東京メトロの地下鉄車両車内，全国の路線バスにも波及している（図14.9）．本成果は車両に留まらず多様な建築物への応用が期待できる．

以上のように，ユニバーサルデザインは都市のインフラストラクチャーや多様な生活者が使う各種製品，サービスに必要なデザイン哲学になっている．

図14.9　交通用床材と社会を結びつける実地調査

14.3　これからの都市のユニバーサルデザイン研究

筆者は多数の研究プロジェクトを産官各機関と連携し実施してきた．まさにユニバーサルデザインとエコデザインの融合を目指し，最新のIoTやAI（自動運転）などの情報技術も交えて，プロジェクトベースでイノベーションを起こす方法論を模索し，成果を社会に示してもきた．SDGs:Sustainable Development Goals（持続可能な開発目標）やMaaS: Mobility as a Service（サービス志向のモビリティ）が社会の関心を集めているが，筆者の研究プロジェクトもこの時流に沿うものであると考える．たとえば，東京急行電鉄株式会社ともまちの魅力と価値を高めるサービス性の高い新たな郊外型MaaSの研究も進めている（図14.10）．従来にない情報技術も駆使したモビリティの手法を組み合わせ，郊外都市での生活支援を考えるプロジェクトである．こうした事例に留まらず，電気自動車技術や各種最新情報技術などを基盤として重厚長大ではなく，軽薄短小で効率的かつ効果的

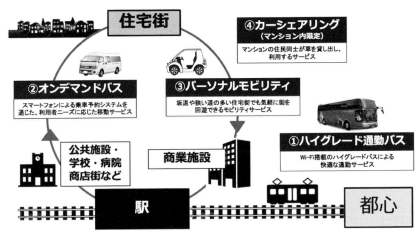

図 14.10 東京急行電鉄との共同研究である郊外都市型 MaaS のシステム

なユニバーサルデザイン・エコデザインの融合策を創出し，都市生活の質的向上を図る．さまざまなイノベーションの成果をつなげて，先端知に基づく高度な都市生活への変革を具現化させたい．

参 考 文 献

[１] 西山敏樹編著（2016）：近未来の交通・物流と都市生活—ユニバーサルデザインとエコデザインの融合，慶應義塾大学出版会．
[２] 西山敏樹（2017）：福祉技術と都市生活—高齢者・障がい者・外国人・子どもと親への配慮，慶應義塾大学出版会．
[３] 西山敏樹（2017）：交通サービスの革新と都市生活—行動の意思決定を有効に支援する技術，慶應義塾大学出版会．

第15章　都市再生の公共政策

〔明石達生〕

　時代の進展とともに，都市もその機能とすがたを変えていく。あるいは，上手に変わっていくための仕組みが必要である。都市再生の公共政策とは，都市が時代に対応して上手に変わっていくための仕組みのことである。

　都市ではたくさんの多様な人々が活動しており，建物が建ち，交通が動いているが，それらは人々や企業・団体のそれぞれの自由な意思で行われるものである。だから，自由に任せておけば必ずしもうまくいくとは限らず，実際，混雑や迷惑など色々な社会問題が起きている。それに，道路，鉄道，上下水道などの都市を支えるインフラは，人々の自由な活動によって整備されるものではない。河川などの防災施設もそうである。都市が上手に機能し，人々の生活環境が守られ，企業の活動が効率的になされるためには，行政など公共セクターがその役割をしっかりと果たす必要がある。

　そして，時代の進展に対応して，都市がその力を十分に発揮できるように変わっていくためには，都市を管理・運営する公共セクターが，経営的視点を持った将来ビジョンと，それを実現するための有効な手段とを持ち，実行していくことが必要だ。それが，都市再生の公共政策なのである。

15.1　巨大都市東京をアップデート

　私たちが暮らす都市東京は，東京都の区域を越えて市街地が連なる巨大な都市圏を形成している。その人口規模約 3,727 万人（2015 年国勢調査）は，日本で最大なのはもちろん，世界各地で巨大都市が発展しつつある現在においても，なお世界第 1 位の集積規模である。こんなにも大勢の人々がこの東京大都市圏で生活し，働き，学び，楽しんで毎日を過ごしている。人々は，毎朝通勤・通学の移動をし，昼間さまざまに活動し，夜には帰宅して休み，そして大量の物資を消費する。

　それだけではない。巨大都市は，経済と文化の両面において，他の地域ではなしえない種類の価値を日々生み出している。東京は，明らかに日本経済を牽引する役割を担っているし，現代日本の独特の文化を育む孵化装置でもある。この都市は，江戸から東京へ，そして巨大都市圏へと 20 世紀を通じて築き上げられて

きたものであるが，刻々と進展する世界情勢の真っ只中にあって，次の時代に対応するため，絶えず更新とバージョンアップの手を加えていくことが必要である。それが私たちの世代に課せられた使命でもある。東京において，都市再生という公共政策が必要な理由である。

15.2　都市構造の再編

　都市構造とは，土地利用と交通，あるいは集積とネットワークの組み合わせによって形成されている都市空間の状態である。都市を機械に見立てるとわかりやすい。都市構造の設計がよければ，都市は優れた機能を発揮する。

　東京大都市圏の巨大集積が抱える問題といえば，交通の混雑がある。鉄道の朝夕の通勤・通学ラッシュと，道路の交通渋滞だ。どうしたらこれらを解決できるのだろうか？　ここで大切なのは「構造的に考える」視点である。

　朝夕の通勤ラッシュについていえば，東京ほどの巨大都市になると，人々の大量の移動を自動車交通に頼ることはできない。自動車は1台に1〜2人程度の輸送力しかないから，大量の人の動きを自動車に依存したら，どんなに道路を整備しようとも渋滞を解消することは不可能だ。バスでも無理である。バスは1台にせいぜい50人程度が限界だ。最後の切札は，鉄道である。鉄道ならば1編成に2000人近くの人を乗せて3分間隔で運行することができる。東京は，世界の大都市の中でも最も鉄道網が発達し，運行技術も格段に高く，きわめて効率的な輸送サービスを有している。その上，郊外鉄道を都心の地下鉄にそのまま乗り入れさせて，通勤客が乗り換えをせずに都心まで入り込めるようにし，さらに地下鉄同士が交わる乗換え駅を分散して増やす路線網を組むことにより，駅での乗換えに伴う混雑も軽減している。しかし，それでも通勤時間帯の混雑は大変だ。

　ここで，視点を変えてみよう。

　満員の上り電車の車内から，すれ違う下り電車の車内を覗くと，何と，座れるほどにすいている。これはどういうことか。理由は簡単。大多数の人が郊外の自宅から都心の職場や学校に通ってきて，逆の動きをする人は少ないからだ。とすれば，解決策も見えてくる。「都市構造」を変えればよい。

　交通の本質は，実は土地利用なのだ。人や物の移動が交通で，移動には出発地と目的地があって，出発地が住宅地の自宅，目的地が商業地のオフィスというように，土地利用が交通発生の原因となっている。同じ時間に同じルートで移動する人が多いから，そこが混雑する。普通に考えると，混雑への対策は，電車の運

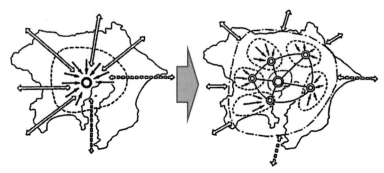

図 15.1 東京大都市圏の都市構造の再編（国土庁，1985）

行本数を増やしたり新たな路線を建設したりして輸送力を増強することだ。ところが，発想を転換して考えてみると，混雑の本当の原因は，大量の人々の移動の目的地が同じ地域に集中しているからだとわかる。だから，目的地となる業務地の場所を分散すれば交通も分散し，混雑を軽減できるはずだ。容量オーバーの上り電車の乗客を減らし，すいている下り電車に乗せたり，遠くの都心まで通勤している人の職場を自宅の近くに移したりすればいい。これが「構造的な」解決策である。

図 15.1 は，1985 年に国が策定した「首都改造計画」の挿絵である。都市を機械装置と捉えると，1 点に向かうルートに負荷が集中していることが問題なのだから，負荷が分散するように都市構造を改造すればよい。

横浜市のみなとみらい，千葉市の幕張新都心，さいたま市のさいたま新都心は，そのような考えで計画された新しい業務拠点だ。いずれも東京都心から約 30 km の位置にあって，周辺の住宅地にたくさんの人が住んでいる場所である。

繰り返すと，都市の構造は，集積と交通ネットワークによって形成されている。集積の場所を分散することで，人々の行き先を変えて混雑を減らし，長距離通勤者も減らす。これが「都市構造の再編」である。

15.3 通過交通を減らす

次に，道路の渋滞はどうしたら減らせるかを考えてみよう。

自動車の通行量が減れば渋滞も起こりにくくなる。自動車で通勤する人を減らすには，鉄道の路線網を充実し，鉄道を利用すると速く時間どおりに到着できるようにすれば，通勤手段を鉄道に転換する人が増え，道路を走る自動車の量を減

らすことができる．これをモーダルシフトという．現に，東京はモーダルシフトが世界一進んでいて，都心への通勤交通の大部分は鉄道が担っている．

けれども，人の移動はモーダルシフトができても，物の移動（物流）はトラック輸送に頼らざるをえない．これはどうすればよいか？

対策の基本は，通過交通の分離である．通過交通とは，その地域には用事がなくて，ただ通り抜けていくだけの車両のことをいう．実は，東京都心部を抜ける首都高速道路や東京都区部の市街地にある幹線道路には，通過交通がかなり入り込んでいる．ところが最近，都心部で起こる渋滞が顕著に緩和してきた．通過交通が減っているのだ．その要因は，首都圏 3 環状道路の整備の進展である．

首都圏 3 環状道路とは，東京都心をとりまく 3 つの環として計画された環状の高速道路で（図 15.2），内側から半径約 8 km 圏（首都高速中央環状線），約 20 km 圏（東京外郭環状道路（外環道）），約 50 km 圏（首都圏中央連絡自動車道（圏央道））の 3 路線のことである．これらの道路は整備に長い期間を要したが，近年次々と区間が開通し，東京の都心や市街地を迂回するネットワークの形ができてきた．迂回ルートは，距離は多少長くなっても渋滞に巻き込まれにくいから，結果として時間短縮になる．それとともに有料道路の料金体系も見直し，迂回ルートを通って走行距離が長くなっても料金が余分にかからないように措置された．このようにして，工場や港から全国各地へと向かう広域物流のトラックが，市街

図 15.2　首都圏 3 環状道路（国土交通省，2019 年 6 月）

地を抜ける通過交通とならずに迂回ルートに回り，渋滞が緩和されたのだ。さらに，圏央道などの高速インターチェンジの周辺に，製品を保管する大規模倉庫のある物流センターの立地が進み，大型のトラックが市街地の道路に入り込まずに済むようになってきた。これも「構造的な」解決の例である。

15.4 土地の高度利用

　ここまで，大都市圏の都市構造を巨視的な視点からみてきた。次に，街なかに目を向けて，都市の再生を考えてみよう。

　旧来からの東京の市街地の問題点に，歩行者のための公共空間が狭いことがある。道路が狭いために歩道も狭く，街かどの広場も少ない。その上，敷地が狭いために建物が密集しがちである。最近は再開発により，駅前広場の整備が進むなど，かなり改善してきたが，それでもまだ，街の空間にはゆとりがない。

　建物の「容積率」という言葉をご存じだろうか。容積率とは，建築物の延べ床面積の敷地面積に対する割合のことだ。面積が 100 平方メートルの敷地に建つ建築物の延べ床面積が，200 平方メートルなら容積率が 200％，400 平方メートルなら容積率が 400％ となる。これは，土地利用の密度を表している。

　建物の床面積が大きいということは，それだけ多数の人々が利用し，集まってくるということだから，土地利用が周辺の都市環境に及ぼす負の影響や，交通インフラに及ぼす負荷も大きくなる。つまり，容積率は都市環境やインフラ負荷を制御するための指標となる。そのため，都市計画では建物の容積率の上限を規制して，都市環境の悪化の防止や土地利用と交通インフラのバランスを図っている。容積率の規制値は，都市計画図という地図上に表示されている。

　ここで「土地の高度利用」という概念を説明したい。まず理解してほしいことは，「過密」や「密集」という状態と，「高密度」や「高容積」とは，必ずしも同じではないということ。過密や密集は市街地の悪い状態だが，密度が高くても，環境のよい市街地をつくることができる。それが，土地の「高度利用」なのだ。

　土地の高度利用とは，典型的にはどういう状態なのか。単純なイメージでいうと，敷地内に広場を設けた高層ビルである。

　図 15.3 の 2 つの絵を見比べてみよう。旧来の市街地では，道路が狭く，敷地も狭く，そのため小型の建物がびっしり建て詰まっている地区がある。このような地区は，昭和以前の風情が漂う味わい深い良さもあるが，街としての安全性や快適性において根本的な問題もある。狭い道路に自動車と歩行者が混在し，交通

環境が非効率で危険である。それと
同時に，大地震発生の時には古い建
物や塀が崩れたり看板類が散乱した
りして道路がふさがり，救急車や消
防車が入れず，どこかで出火すると
建物から建物へと火が移り大規模な
市街地火災に発展するなど，防災上
も危険な状態にある。そして，その

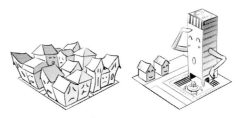

図 15.3 「過密」な市街地と「土地の高度利用」の比較

ように建物が密集しているわりには，各々の建物は小型で階数も少なく，エレベーターや階段や水回りがあるから実質的に使える床部分が小さく，地区全体では意外に密度が高くない。危険な上に，非効率なのだ。これが「過密」や「密集」の問題点である。

　これに相対するのが，土地の高度利用である。まず，地表部の公共空間を広くする。道路を拡げ，歩道を設ける。次に，敷地も統合し，広くする。最後に，建物を道路からセットバック（壁面後退）して建てることにより歩道をさらに拡げ，広くなった敷地の中に広場などの歩行者が自由に出入りできるスペースを設ける。こうすれば，地表部にゆとりが生まれ，混雑が緩和され，安全快適な都市空間ができる。

　そこで，建物を大型の高層ビルにして，延べ床面積を増やし，容積率を高くする。土地の高度利用では，従来型の市街地に比べて利用密度が高く，延べ床面積が多い分たくさんの交通が出入りするが，道路を拡げ，歩道をさらに拡げ，高層ビルの足元には広場もできるから，公共空間の持つ容量と出入り交通とのバランスがとれて，街路樹を植えるゆとりも生まれ，都市環境は快適になる。

15.5　インセンティブ—民間事業者に公共貢献を促すしくみ

　土地の高度利用を実現する原動力は，何だろうか。ここで，容積率の「インセンティブ」という手法を理解してほしい。一般的にいって，インセンティブとは，人をその気にさせるご褒美のことだ。

　土地が生み出す収益を大きくするには，単純に考えると，その土地に建つ建物の床面積を大きくするとよい。床面積が増えれば，賃貸ビルならば賃料収入の総額が増加し，分譲マンションならば総売上高が増加する。したがって，ビル建設を企画する不動産事業者は，土地に建てるビルの延べ床面積をできるだけ大きく

したいと考える。前述のように，建物の延べ床面積は都市計画に定められた容積率の上限値で規制されているから，不動産事業者は，許される容積率をめいっぱい使う建物を企画する傾向がある。

　では，容積率の上限はなぜ規制されているのだろうか。これも前述のとおり，都市環境を悪化させず，インフラ容量とのバランスを図るためである。

　ところで，「土地の高度利用」型の開発は，敷地を統合して広くし，道路を拡げ，さらに敷地内にも歩道や広場を設けて一般の人々が通行できる歩行者空間を創出するタイプの開発形態であった。それならば，原状の小さな敷地と狭い道路をそのままに，容積率の規制値めいっぱいに建てる鉛筆のような小規模ビルが建ち並ぶ状態に比べて，地表部の公共空間が広くなった分，建物の延べ床面積が多少増えても，都市環境やインフラ容量とのバランスがとれることになる。ということは，土地の高度利用型の開発計画とするのならば，容積率の上限値を上げる「規制緩和」を行っても差し支えないということだ。この規制緩和分の容積率を，容積率ボーナスと呼ぶこともある。不動産事業者にとって，収益を余分に生むボーナスをもらえることになるという意味だ。

　ここで「公開空地（くうち）」という言葉を覚えてほしい。建物の敷地内に設ける歩道や広場で，誰もが入れる空間のことだ。私有地だけど，公共物の道路や公園と同じように，一般公共の用に供するスペースである。私有地の中に公開空地を設けること。これが容積率ボーナスをもらえるための条件となる。

　不動産事業者の立場からすれば，開発事業の利益を増やすには床面積を大きくしたいので，容積率の上限値を規制緩和してほしいと考える。公開空地を設ければ容積率の上限が緩和されるのならば，これは「インセンティブ」になる。一方，都市計画を担当する行政の立場から考えると，不動産事業者が民間資金で敷地を統合し，道路拡幅の土地を提供し，敷地内に公開空地を設けてくれるのならば，税金を使うことなく歩道や広場ができるのだから，大変なメリットになる。

　繰り返すと，公開空地の整備を条件にして容積率の規制緩和をするしくみは，不動産事業者にとっては収益が拡大し，行政にとっては税金を使わずに都市環境が良くなるという，両者 Win-Win の関係を構築することができる。

　インセンティブのしくみは近年発展を遂げ，容積率の規制緩和の条件が，公開空地だけでなくアトリウム，歩行者デッキ，地下鉄出入口，歴史的建造物の保全・再生，文化施設の設置などに拡大している。これらは，民間開発事業の「公共貢献」と呼ばれている。

15.6 産業構造の転換と都市再生

　高度経済成長の時代，日本経済は工業を中心に発展し，東京大都市圏にも数多くの工場が立地した。その後，過密対策のため東京都区部と川崎市および横浜市の一部地域では工場と大学の新増設が制限され，産業の地方分散が国土計画として進められた。さらに1980年代後半以降，アジア新興工業国の競争力が強くなったこともあって，従来工場だった土地が大規模な跡地になるという動きが市街地内の各所で発生した。加えて，海上輸送では大型コンテナ化が進み，沖合を埋め立てて大型貨物船が接岸できる水深の深い港湾が築造されると，従来の港が不要になってウォーターフロントにも大規模な跡地が生まれ，さらに陸上輸送でも鉄道貨物がトラックに転換し，駅裏の大規模な貨物ヤードも跡地となった。

　これらの跡地は，産業構造と輸送体系の変化により生じた空き地であったが，同時に都市のバージョンアップに大きなチャンスを提供するものでもあった。なぜなら，これらは交通至便な市街地の中にぽっかりと生まれた大規模な土地だったからだ。隅田川の河口沿岸から晴海・豊洲にかけて建つ超高層ビル群，汐留から東京モノレールに沿って品川の先へ展開する大規模再開発群，恵比寿や大崎の複合開発，武蔵小杉のタワーマンション群などは，工場や倉庫の跡地が最新鋭のオフィスと住居の複合開発へと変貌を遂げたものである。そこでは，低層の工場を前提とした低い容積率から，超高層オフィスが建築可能な高い容積率へと規制緩和することが民間事業者に対する大きなインセンティブとなり，プロジェクト対応型の複雑な都市計画が定められ，そのプロセスにおいて民間事業者の提案と行政側の要求条件とを調整する高度な官民連携（PPP：Public Private Partnership）が行われた。いわゆる「民間活力の活用による都市整備」（民活）である。

　さらに，従来から都心機能を担ってきた丸の内，大手町，八重洲，日本橋，虎の門のエリアや，商業の中心地の銀座，新たな集積に成長してきた赤坂，六本木などにおいても都市機能の更新が進み，グローバル化が進むビジネス機能の受け皿となってきた。これらの地区では，いずれも地区計画という制度を軸とした複雑な容積率のインセンティブのしくみが適用され，単にビルが高層化するだけではなく，その足元には豊かな賑わいのある公共空間が形成されている。

　工業化がピークアウトした後の時代に対応して，日本経済は国際競争力を維持しなければならない。そのためには東京がグローバル経済の中枢を担う拠点となり，高次の都市産業の集積拠点となるべく，成長を遂げた民間事業者の力を上手

に誘導して東京という都市を再生することが，現下の重要な政策となっている。

15.7 文化の創造に向けて

最後に，これからの都市再生は，何に力点をおくべきなのかを考えてみよう。

グローバル化が進展するこの時代にあって，都市が真の国際競争力を持つには，世界中に多くの都市がある中で，その都市にしかできないこと，その場所でなければならないことに着目することが重要である。

東京の金融市場がニューヨーク，ロンドンとともに世界の3極といわれるのには理由がある。地球は1日24時間で回っており，各国の間には時差がある。ニューヨーク市場が閉まった後，ロンドン市場が開く前が東京市場の営業時間だ。そのような地球上の位置にある東アジアの都市の中で，いち早く経済発展を成し遂げた日本の首都東京が世界の3極の地位を獲得したのである。しかし，ダイナミックに展開する世界経済の中で，この地位が将来も不動かどうかはわからない。

人間の営みの蓄積には，文明と文化がある。文明とは技術や社会制度などのことだが，グローバル化する世界の中で人類の文明は統一されつつあるようにみえる。つまり，文明は場所に限定されず，世界のどの場所でなければならないというものではなくなってきている。これに対して，文化は地域と密接に関係し，地域ごとに異なった個性を持っている。文化は生活様式の中から生まれるものであり，育まれる固有の場所を必要とする。世界のどこでもよいというものではない。

そう考えると，都市の真の国際競争力は，強力な固有の文化を持つことにあるということができる。世界がグローバル化すればするほど，東京には東京にしかない強い個性が必要なのだ。そうでなければ，埋もれてしまう。さらに，都市の文化はひとつではなく，都市の中のエリアごとに育まれる。伝統に根ざした文化を持つエリアもあれば，まったく新しい文化的価値を生み出しているエリアもある。たとえば東京の中でも渋谷，原宿，秋葉原など，世界から人が訪れる独自のサブカルチャーを発信するエリアがある。再開発はコスモポリタンな景色をつくりがちだが，日本橋室町の裏通りでは世界経済の一翼を担う超高層のビジネス街にもかかわらず江戸の街並みを採り入れていて，歩けばそこが東京であることが誰にでもわかる。池袋では，再開発に伴って多数の文化施設が生まれつつあり，公園や道路の公共空間をストリートパフォーマンスができるように改造している。

都市再生の公共政策において，これから力を入れて取り組むべきことは，経済的な競争力の強化とともに，都市の文化的価値の創造ではないだろうか？

第16章　ストック型社会における住宅生産

〔信太洋行〕

16.1　都市と住宅生産

16.1.1　住宅政策の概要

わが国の住宅政策は，終戦直後の約420万戸の住宅不足を解消するために応急簡易住宅を建設したことから始まり，いわゆる住宅政策の三本柱「住宅金融公庫の設立（1950）」「公営住宅法の制定（1951）」「日本住宅公団の設立（1955）」にシフトした。しかし，これらの政策が整備された後も，都市への人口集中と核家族化が進み住宅不足問題は解消しなかった。そこで国は「住宅建設計画法（1966）」を制定し，国・地方公共団体および国民が相互に協力し合って住宅の建設を強化することで，当時国が掲げていた「1世帯1住宅」の実現を目指すこととなった。

これらの取り組みの結果，1973年にはすべての都道府県で住宅数が世帯数を上回り，「量」の確保という目標を達成してからは，住宅ストックの「質」の向上を重視した「住生活基本法（2006）」の成立をもって廃止された。ところが，わが国の全住宅流通量（新築住宅＋既存住宅）に占める既存住宅の流通シェアは約14.7%（2013），欧米諸国と比較すると1/6〜1/5と低い水準にある（国土交通省，2016）。

2016年，首都圏で販売された新築マンション戸数よりも中古マンションの成約件数が上回り，既存住宅のシェアは徐々に大きくなってきてはいるものの，約820万戸の空き家（2013）の絶対数に着目すると，東京都が全国にある空き家の約1割を占める。空き家といえば過疎化が顕著な地方の問題として思われがちであるが，大都市でも世帯数が減少に転じて低密度化が進めば，それに関わる医療・商業などのサービス業も影響を受けることとなり，空き家・空きビル・空き店舗など地域の問題に拡大する。

住生活基本法によって住宅は「量」から「質」へとシフトした。今後は都市生活の「質」向上に向けた政策，具体的には空き家・空き店舗だけでなく，それらの予備軍を含めた建物用途の再編を可能とする柔軟な政策が求められる。

16.1.2　住宅生産とは

ストック型社会とは，価値ある社会資産が長期的に蓄積されることによりスクラップアンドビルドを脱した結果，経済的なゆとりが生まれ，環境負荷の低減を目指す社会である。一方「生産」という言葉は，辞書によると「人間が自然に働きかけて，人にとって有用な財・サービスを作り出すこと，もしくは獲得すること」（『広辞苑』）と記述されている。この定義中の「財・サービス」を「住宅」に置き換えれば「住宅生産」を意味するわけだが，言い換えれば，前者は住宅というモノの提供であり，後者は住宅がもつサービス（機能・効用）の提供である。

では，ストック型社会における住宅生産とは何か。基本的には，価値あるモノをつくり，その機能を維持していくというものである。しかし，モノは経年劣化し，求められる機能レベルは時間の経過とともに向上するものであるため，それに応えるには「更新性」が求められる。また，それらを維持するためには，どのようにつくられ管理されてきたかなどの「履歴情報」や，地域特性に合った住環境を「住民参加で創る場」も必要である。次節では，これらの実現を目指し，筆者が取り組んできた3つの試みを紹介する。

16.2　プロジェクト事例の紹介

16.2.1　動産化インフィルの開発

地域に住む人々の共通の記憶である街並みを維持するために，建物の骨格を残し中身だけを替えられるシステムの開発で，都市機能の新陳代謝を促すものである。

a．開発の背景

東京都心部に大型オフィスビルが大量供給され，その周辺にある中小オフィスビルの空室が顕在化した2003年，東京大学生産技術研究所の野城智也教授を中心に，インフィル（内装・設備）のライフサイクルにおけるオペレーションを効率的に展開するビジネスモデルの開発が進められた（野城，2003）。

本プロジェクトの基本コンセプトは「都市基盤である建物のスケルトン（躯体・共有部）のライフサイクル価値を高め，所有から利用にシフトした新たな豊かさを再編成する」というもので，虫食い状に空いた中小オフィスビルの空間に，居住機能を提供するインフィルを家具・家電のようにリース・レンタル方式で供給することで実現する。開発は以下の3つの項目に分けて進められた。

①リース・レンタル方式による契約モデルの検討

②インフィルの着脱性を向上（動産化）させる技術の開発

③インフィルの情報管理システムの開発

ここでは筆者が開発を担当した②のインフィルの開発を中心に，本プロジェクトの概要を紹介する。

b．動産化インフィルの要件と要素技術

インフィルをリース・レンタル方式で供給するには，家具・家電のように「動産」であることが前提となる。しかし，従来のインフィルは建物に附合する不動産であるという解釈が一般的である。その一方，法的に明確な見解がないため，過去の判例をもとに調査を行ったところ，以下の4つの必要条件が明らかになった。

①着脱が容易であること

②着脱容易をうかがわせる外観

③周囲の建築構成材を損傷することなく取り外せること

④インフィルを構成する部品の仕様を汎用的なものとすること

この4つの要件を満たすために，次のようなインフィル・システムを考案した。

第一に，床インフラシステムの開発である。図 16.1 に示すように二重床に，床下の配管・配線と床上のインフィルのインターフェースをコントロールする機構を内包させることにより，物件固有である配管・配線類と，他の物件にも転用可能なキッチンセットなどのインフィル部品を容易に着脱可能としている。その機構を配管スリーブと名付けた。

第二に，市販の圧送ポンプを組み込んだ排水システムの開発である（図 16.1）。在来の勾配を必要とする排水管でフリープランを実現するには 350 〜 400 mm ほどの床フトコロが必要であるが，圧送ポンプを使用すれば排水管径を 20 mm ほどに縮小でき，配管の勾配が不要のため，床フトコロを 150 mm 程度に抑えられる。

第三に，BOX ユニットによるプランニングである（図 16.2）。上記の床インフラシステムとインフィル部品を内包する BOX ユニットを組み合わせることで，インフィルの移設や着脱が容易になる。

c．実証実験

東日本橋地区の既存事務所ビルの一室（約 90 m²）を使用して，開発した動産化インフィルの実証実験を行った。二重床の上に3つの BOX ユニット（キッチン，トイレ，バス・サニタリー）を配置することによって空間を分割していく平面計画となっている（図 16.2）。BOX ユニットを隙間を空けながら配置するプラン

156　第16章　ストック型社会における住宅生産

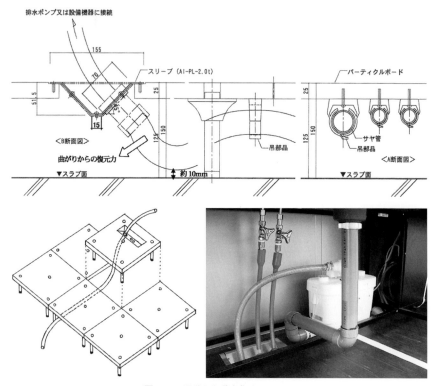

図 16.1　開発した動産化インフィル

ニングは，既存建物との接点が最小限になることで現場加工が不要になり，廃材が最小限に抑えられると同時に，施工時の騒音・振動が抑えられた。また，従来ならば各専門工が現場で判断しながら納める配管配線類を，方眼状に敷設された床インフラシステムを利用することによって，あるまとまったゾーンに集約することが可能となり，移設時に撤去する領域を最小限に抑えることができた。

　これらの特性から，スケルトンとインフィルのインターフェースが整理され，第一期から第二期への間取り変更を3日間・10人工という短期工事で行うことができた。このことは，開発した動産化インフィルシステムの着脱容易性や，低コストのシステムとして機能することを示唆していると考えられる。

16.2 プロジェクト事例の紹介

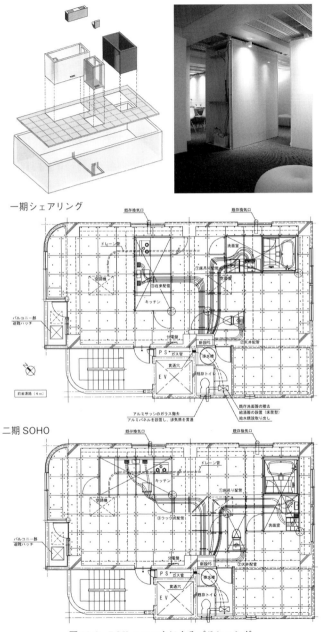

図 16.2　BOX ユニットによるプランニング

16.2.2　3次元レーザースキャナーによる建物の計測

　ストック型社会において，建物の改修は複数回行われると思われる。改修前の建物空間・形状を計測することで，設計業務の効率化だけでなく，将来の建物診断や改修時の基本情報になることが期待される。

a．3次元レーザースキャナーの概要

　既存建築物は，建物の現状という大きな制約条件のもとで改修目標を設定しなくてはならないが，現状の機能・性能を把握するために必要な設計図や施工図はしばしば保存下になく，仮にあったとしても長年にわたる修繕や部分改修によって建設当時の図面とは一致しないことも少なくない。

　改修工事に必要な現状図を新たに作図するにあたり，現場調査や実測を行うのが一般的であるが，①建物を利用しながら行う場合が多いため迅速な調査が求められる，②計測箇所が多く，場合によっては再計測等の二度手間が発生する，③実測データをもとに作図するが，不確定な部分を含むため情物一致が困難である，といった問題が生じる。

　そこで，われわれは既存建築物の計測方法として，昨今注目されている3次元レーザースキャナーに着目した。これは対象物の位置や形状等を3次元データとして短時間で取得できることと，デジタルデータとして保存・加工できる利点がある。計測に使用した機材はLeica社のBLK360で，その仕様は表16.1の通りである。本機器は本体が水平に回転すると同時に本体に付いているミラーが360°鉛直回転する方式で計測できる。計測原理は，計測対象物に照射したレーザーが戻ってくる往復時間を計測して距離を算出するTOF方式（Time of Flight）をベースとしたLeica独自の方式を採

表16.1　3次元レーザースキャナー（Leica BLK360）の仕様

重量	1 kg
スキャンスピード	36万点/秒
スキャン密度	High：5 × 5 mm @ 10 m Medium：10 × 10 mm @ 10 m Low：20 × 20 mm @ 10 m
スキャンレンジ	0.6 × 60 m
スキャン範囲	水平：360度，垂直：300度
距離精度	4 mm @ 10 m
座標精度	6 mm @ 10 m
動作温度範囲	＋5 〜＋40℃

用している。この方式で，点群データとフルカラーのパノラマ画像も取得できる。

　レーザーの反射光を測定するため，光を反射しにくい黒色やガラスなどの透明な物，金属などの光沢のある表面は点群データに抜けが生じやすいため，計測時に注意する必要がある。ここでは，1つの事例を通じて，3次元レーザースキャナーによる計測の可能性に関して考えてみたい。

b．伝統的建造物群保存地区の町家

　最初は，飛騨高山大学連携センターと本学都市生活学部の連携研究の一環として現在進めている築約 140 年の伝統的建造物を対象としたプロジェクトである。高山市では，まちなかの良好な景観の創出や回遊性の向上，地域の活性化，持続可能なまちづくりに向けた事業のひとつとして，古い町並の下町エリアにおける若者等活動拠点施設整備の検討を進めている。この町家は地域の拠点として整備されるが，整備前の記録として，そしてこの建物とともに生活してきた地域住民の方の記憶を残すためにスキャニングすることとなった。

　町家は木造 2 階建て，床面積は約 700 m^2，間口 13 間（約 26 m）と非常に広く，スキャン密度は medium で合計 49 か所（外観 3 か所，1 階 33 か所，2 階 13 か所）のスキャニングを行った。現場では iPad Pro からの操作で，スキャニング開始からデータ転送まで 5 分程度で完了する。そして，2 つの点群データ間の 3 つの特徴点を選択して，iPad Pro 内で点群データを結合していく。共通の特徴点が明確な場合は自動で結合できるが，読み取りにくい場合は手動で結合する。点群の結合で困難なのは 1 階と 2 階の結合で，階段室の狭い領域で 3 つの特徴点を得られるよう，注意深くスキャニング位置を設定する必要がある。このような作業は 3 日間でスキャニング 13.5 時間，PC での作業は 9 時間かかった。PC では AUTODESK 社の ReCap Pro で点群データを結合，編集することが可能で，49 か所を統合したデータ（図 16.3，図 16.4）内をウォークスルーすることも可能となる。ただし，高山市ホームページで公開されている実測によって生成されたであろう平面図（図 16.5）と見比べると，スキャニングの高い精度だからこそ得られるメリットと，計測不可能な領域の情報欠損というデメリットが混在する

図 16.3　点群データ（外観）

図 16.4　点群データ（平面）　　図 16.5　対象物件の平面図

ため，留意する必要がある．
c．今後の展開
　スキャン時のありのままの建物形状を点群データとして記録すれば，それを基に失われた図面の復元や 3D モデルを作成できるだけでなく，定期的に計測したデータを重ね合わせることで形状の経時的変化を計測することも可能となる．ただし，そこで生成された情報を建物の中長期的なマネジメントに利用する場合，データ活用の目的に合った部品分割や部品性能，耐用年数，コストなどの属性情報の蓄積が課題となるため，今後は BIM（Building Information Modeling）との連携を検討していきたい．

16.2.3　スマートフォンによる位置情報ゲームアプリの開発
　住宅地を災害に強い地域に再編するためには，地域の災害履歴や防災情報をまず知ることが大切である．そのためのツールとして，住民自らが防災ゲームを作り，実際に遊びながら地域防災を学習できるゲームアプリを開発した．
a．開発したゲームの要件
　東日本大震災の後，スマートフォンが普及期に入ったこともあり，全国各地の自治体等で様々な「防災アプリ」が開発・公開された．しかしながら，それらは平常時にも反復的に利用するモチベーションの継続性を加味したものは少ない．

そこで筆者は，ポケモン GO に代表される，スマートフォンを利用した位置情報ゲームが一般化した現在，これらを応用して社会の問題を解決する「ゲーミフィケーション」の可能性・有用性に着目した。

公益財団法人中山隼雄科学技術文化財団による助成（2017 年度）のもと，本学工学部の小見康夫教授と共同で，ゲームの要素を防災活動に取り入れ，老若男女が遊びながら防災を学べる新しいゲームを開発した。スマートフォン上の地図情報をもとに地域を歩きながら継続的に遊ぶことで，災害時における自助・共助の実現を目指している。先行研究や既存の防災アプリの整理を通じて，開発するゲームの要件を以下の 3 点とした。

①専門家と非専門家がともに学びあう場を創出する
②ゲーム参加者らが地域特性を身体的に学ぶ
③平時から復旧期まで継続的な利用を可能とする

b．開発したゲームの機能

本アプリは地図や GPS 機能を利用した位置情報ゲームを基にしたゲームであり，防災拠点を実際に歩くことで学習することを主な目的とする。地図上の構成要素は防災拠点である「タワー」とその近傍に点在する「スポット」である。各「スポット」には，その地点の災害安全度（ハザードマップなどの危険レベル）に対

図 16.6　アプリ画面の例（1）

応した「防災ポイント」を付与する。プレイヤーはチーム（最大4チーム）に分かれ，街のさまざまな場所に設けられた「スポット」に行き「防災ポイント」を収集し，それを「タワー」に注入することでタワーを所属チームカラーに変え，占有する。占有によって得られるポイントの総計を競い合うものである（図16.6）。また，SNS（Twitter）を利用した情報投稿機能（図16.7）も加えることで，プレイヤーがゲーム中に気づいた危険個所や災害時の状況を発信・投稿できる仕様とした。

広域避難場所や津波避難ビルといった地域の防災拠点「タワー」と，その周辺に点在する「スポット」は，紙媒体のハザードマップなどから選択する。さらに，

図 16.7 アプリ画面の例 (2)

選択されたタワー・スポットの緯度・経度情報を Google マップ上で抽出し，一覧化する。タワー・スポットの属性情報は緯度経度の他に，防災特性ポイント，画像情報，防災情報（テキスト）を含んでおり，スポットは近隣の特定のタワーに属し，親子関係になっている。今回は，MS Excel 上で入力・整理を行った。

各市町村が作成したハザードマップは地域によって異なる。現在まで，神奈川県横須賀市では地震・津波・土砂・火災，鎌倉市では津波避難に特化した情報セットを作成し，実証実験を通じて本アプリの効果を検証している。

c．今後の展開

開発したゲームは，オープンな地域の防災情報をもとに，地域住民の参加によってゲームコンテンツを生成・更新できることに特徴がある。現在，犯罪被害防止や地域への愛着心の向上などを目的とした「我が町の安全マップ」が，地域住民や子どもらの参加によりさまざまな地域で手作りされ，その動きは全国に広がりつつある。本アプリは，タワーやスポットをこれらの用途に変更すれば転用可能であり，住民の投稿情報は新たなスポットなどに更新することで陳腐化を予防することができる。今後は地域ごとに，地域住民自らがゲームを実装するためのプラットフォームと簡易なインターフェースを用意し，これらをオープン化することで全国的な展開を検討していきたい。

16.3　これからの住宅生産研究

情報には，静的情報と動的情報がある。前者は一度生成されるとあまり変化しない情報で，後者はつねに変化する情報をいう。住宅でいえば間取りや構造，部品の仕様は改修などが行われるまで変わらない静的情報，部品の製造数やメーカーの仕様変更，金利や賃料相場は動的情報である。たとえば，ストック住宅を民泊に用途変更する場合，建物性能がどの程度で，あと何年もつかなど，現状を把握するための診断が不可欠であり，それには図面や履歴情報だけでなく点群データなどの静的情報が有効である。合わせて，宿泊料金の設定や事業性を検討するには，周辺の賃貸相場という動的情報も必要となる。つまり，静的情報と動的情報の連携がポイントとなる。

変化の度合いを相対的にみる，上記の静的・動的という表現を借りるならば，地域には「静的な住宅」「動的な住宅」の2つが存在し，前者は住宅としての利用を前提としており，後者は用途変更を可能とするアダプタブルな住宅を意味する。これらは立地条件や建物仕様，そして所有者の意識の違いから決まるもので，

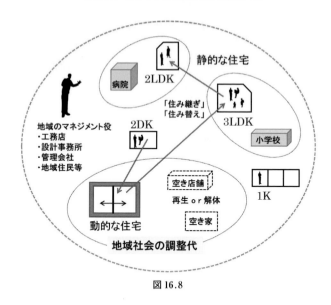

図 16.8

後者は空き家や空き店舗の再生・解体も含めることで地域のニーズの変化に応える調整代として機能し，静的な住宅と連携することで地域再編を実現する仕組みとなる（図 16.8）。

今後はこの仕組みの実現に向けて，以下の3つのアプローチで取り組み，住民参加によるストック型社会の実現に寄与したいと考えている。

① 着脱が容易なインフィルの開発（構法的アプローチ）
② 大量の部品・部材の耐用年数や点検時期を明示化する維持管理システムの開発（情報的アプローチ）
③ 住民自らが地域マネジメントに参加可能な学習プラットフォームの開発（住育的アプローチ）

参 考 文 献

[1] 藤本隆宏，野城智也，安藤正雄，吉田　敏（2015）：建築ものづくり論，有斐閣．
[2] 国土交通省（2016）：既存住宅流通を取り巻く状況と活性化に向けた取り組み．http://www.mlit.go.jp/common/001156033.pdf/（2019 年 2 月 28 日閲覧）
[3] 野城智也（2003）：サービス・プロバイダー都市再生の新産業論，彰国社．
[4] 高山市：若者等活動拠点施設整備事業．http://www.city.takayama.lg.jp/shisei/1008717/1009353/1009354.html/（2019 年 2 月 28 日閲覧）

第 17 章　暑い街なかを快適に巡る─涼しい都市環境デザインのスタディ

〔斉藤　圭〕

17.1　都市生活における住環境

　国連の最新調査によると，2018 年時点において世界人口の約 55 ％が都市で生活を営んでいる。1950 年には 30 ％に過ぎなかった都市生活者の人口は 2050 年には 68 ％に達すると予想されており，今後，都市生活者を取り巻くさまざまな側面について考えを深めていくことがますます重要になっている。われわれ都市生活者にとっての住環境に目を向けると，一口に住環境といってもさまざまな切り口が考えられる。その主な中身は，1961 年に WHO（世界保健機関）によって人間の基本的な生活要求として提示された 4 理念に基づく，安全性，保健性，利便性，快適性の側面から論じられることが多い。身近な例に置き換えると，安全性は治安の良し悪しや自然災害時の避難のしやすさなど，保健性は健康な生活を送るのに欠かせない日当たりや風通しなど，利便性は効率的に日々を過ごすための公共施設や交通機関，社会サービスの利用のしやすさなど，快適性は住みよいと感じるための空間構成のあり方であり，美しい街並みの景観や自然環境などを含むものである。これら 4 つの理念を考慮しながら住環境を整備していくことで，確かにわれわれの生活環境は向上し，暮らしやすくなってきた。その一方で，1950年代から 70 年代のわが国におけるいわゆる高度経済成長期の負の側面として経験したさまざまな都市公害問題を振り返ると，都市生活者の暮らしやすさのみを追求していくと，われわれの次やその次の世代に深刻な事態を引き起こしてしまうことも明らかである。このことからも，今後は 4 つの理念に「持続可能性」を加えた 5 つの面から住環境を向上させていくことが不可欠である。持続可能性とは，環境について将来の住環境悪化を引き起こさず，都市や地域の経済活動をさらに発展させ，地域社会に息づく文化や歴史を次の世代に引き継いでいくことである。都市生活の基盤を支えるこれら 5 つの理念にもとづく住環境のさまざまな側面について目を向け，適切に保全し，次の世代につなげていくことはわれわれに課せられた重要な責務といえるだろう。

17.2　地域の環境に配慮したまちづくり

　2015年にパリで開かれた，温室効果ガス削減に関する国際的な取り決めを話し合う会議の中で，2020年以降の気候変動問題に関連した温暖化対策のルールが合意された。この中で，「世界の平均気温上昇を産業革命以前に比べて2℃より十分低く保ち，1.5℃に抑える」と努力目標が設定された。これは世界の大都市での二酸化炭素排出削減の積極的な取り組みがなければ到達できないレベルである。この実現に向けて，世界の各地で地球に優しい低炭素／脱炭素型の街づくりが進められている。東京においては折しも2020年の東京オリンピック開催を控え，夏期における街なかでの暑熱対策の重要性がさまざまなメディアで取り上げられている。地球規模での温暖化の問題や，都市部の気温が郊外と比べて高温となるアーバンヒートアイランドの問題など，スケールや規模感は異なるがいずれも人為起源の環境問題がわれわれの都市生活に少なからず影響を与えている。では，住環境の5つの側面のうち，これら特に「保健性」や「快適性」に関連する問題への対策としてどのようなアプローチが考えられるであろうか。たとえばヒートアイランドへの対策推進を目的として，2004年3月に「ヒートアイランド対策大綱」が作られており，この中での対策の柱として，以下の4項目が示された。

　①アスファルトなど人工被覆によって高温化した地表面の改善
　②エアコンなど設備や自動車などによって大気中に放出される人工排熱の低減
　③高層のビルなどが建て詰まり熱がこもりやすい高密度な都市形態の改善
　④都市生活者のライフスタイルの改善

　より具体的には，都市建築物の省エネルギー化を推進すること，地域の緑化を考えること，地表面・壁面など高反射仕上げの材料を用いること，打ち水，雨水貯留やクールビズの展開などが例として考えられ，官民でさまざまな試みが行われている。ショッピングモールの店先などでよく見かける人工ミスト発生装置や（図17.1），アスファルトの路面を濡らす散水・打ち水装置など（図17.2）も街なかを冷やす対策の一例である。

　ここで，住環境に配慮した都市デザインやまちづくりの観点に立つと，ある特定エリア内での狭い範囲のスポット的な冷却だけでなく，街なかのより広い範囲を対象とした都市熱環境の改善を考えることが肝要となる。また，先に述べた地球温暖化の原因となる二酸化炭素排出削減や将来への持続可能性の側面も併せて

17.2 地域の環境に配慮したまちづくり

図 17.1 人工ミスト発生装置の例

図 17.2 駅前広場の打ち水システム

考慮すると，電力その他の人工的なエネルギーではなく，可能な限り自然のエネルギーを活用することが肝要となるであろう．

これらをベースとして，住環境を構成する幅広い側面の中から，特に保健性，快適性，持続可能性と関係が深く，街なかで人々が感じる「暖かさ」や「涼しさ」に影響を及ぼす，屋外空間の熱環境改善とそれによる街の価値向上を目指した研究事例を紹介する．

17.3 都市環境の改善を通じた地域価値の向上へつなげるスタディ

17.3.1 蒸暑気候下の東南アジア都市における開発と住環境

近年経済成長のスピードが緩やかにとどまる先進国に対し，なお発展著しい東南アジアの都市に目を向けてみる．多くの都市では急激なスピードで進む都市開発によって街のあちこちにみられた緑や自然があっという間に消滅・減少し，元来その土地で土着の文化に基づく生活を営んできた人々のライフスタイルや，残された周辺エリアとの街並みや景観のコンテクストも大きく変貌しつつある（図17.3）．できあがった街を目指して郊外から流入する人々と，都市生活に伴う人工排熱の増加も異なり，街なかの体感気温はますます上昇している現状がある．

図17.3　マレーシア・イスカンダル開発による沿岸部開発イメージ（著者撮影）

17.3.2 ユネスコ世界文化遺産都市マラッカを涼しく巡るために

ここで東南アジアのマレー半島南西部に位置する，古く港湾都市として栄えた古都マラッカを研究の対象地として取り上げる．

この街なかには，これまで時代によってポルトガル，オランダ，イギリスなど

17.3 都市環境の改善を通じた地域価値の向上へつなげるスタディ

異なる国々からの植民地統治を経て，現在も旧市街地に多様な文化の融合した歴史的建造物や街並みを数多く残している（図17.4）。

これらの建築物を含む歴史的な街並みは2008年にユネスコ世界文化遺産として登録され，現在では国内外から年間1,000万人を超える観光客が訪れる同国の主要観光都市の1つとなっている。またマラッカはマレーシア国内でも最も気温の高い都市の1つであり，月間平均最高気温は年間を通じて32℃を超える。文化遺産に指定された地区は市内中心部の商業地域と隣接しており，慢性的な渋滞を伴う交通車両や大規模施設からの排熱等の影響を受けるなど，市街地の熱環境はさらに悪化しつつある。このことからも現状では，域内を散策する観光客や地域住民にとって快適な歩行空間が確保されているとはとてもいいがたい（図17.5）。

一般的に，保全すべき古い街並みを残す歴史的地区では，建築物の形状・規模の改変や道路位置・幅員の大幅な変更による熱環境改善は困難であり，樹木などを含む緑地による熱環境改善が現実的である。現状におけるマラッカ市街地内の緑地や樹木はその数・面積ともに非常に乏しく，かつ個々に小さく断片化されている状況にある。

このような背景を踏まえ，歴史的な街並み景観を構成するさまざまな要素を定量的分析し，街なか

図17.4 マラッカ市・ユネスコ歴史文化遺産指定地区（著者撮影）

図17.5 車移動中心の歴史景観ストリート（著者撮影）

を歩いて巡ることを目指した「冷やす効果」の検証機能を連携させた都市デザイン手法の開発が求められている。このことで，都市の保全・整備のデザインが来訪者や生活者の歩行を誘発し，それが将来的な交通量低減，熱環境改善，さらなる歩行誘発へのサイクルへつながれば世界遺産都市としての地域価値向上にとって有意義である。具体的には，①歴史的景観の保全を考慮しながら周辺熱環境改善に役立つ緑化推奨エリアを抽出する方法を考えること，②その方法をベースとして提案した複数の地域緑化シナリオに基づく歩行空間を対象とし，熱的快適性からみた都市環境改善の効果を明らかにすること。これらを主な目的としている。

17.3.3 歴史景観都市の多面的な分析

　国内外から数多くの来訪者が訪れる観光名所としての歴史景観都市を対象として，住環境の改善を考えるにあたっては考慮しなければならない側面がいくつもある。ギラギラと照りつける強烈な日差しを少しでも和らげようと，密度が高く大きな樹幹をもつ街路樹を街なかにランダムに配置するだけでは効率が悪いだけでなく，せっかくの観光要素である歴史的建築物や街並みへの歩行者からの視線を遮る邪魔物になってしまう恐れもある。現状の熱環境に影響を与えていると考えられる建築物の高さや位置，土地の被覆状況，樹木や緑地の分布，街路の幅などの物的な環境に加え，文化・歴史的景観を含む観光スポット（POI：Point-of-Interest）と重ね合わせた来街者の歩行ルートなども重要なファクターとなる。また，提案が絵に描いた餅とならぬよう現実性をもたせるために，マラッカ市がすでに策定している都市保全・管理計画（文献 [1]〜[3]）なども考慮する。先に述べた住環境の5つの理念に基づくすべての要素を勘案することは現実的ではないが，「歴史景観をもつ観光都市」の熱環境改善を通じた地域価値向上を考えるにあたって，本研究では以下の点に着目して定量的な分析を行った。

　①屋外空間，特に歩行空間上での熱的快適性（どのくらい暑いか・不快か）
　②歩行者から歴史的建築物や街並みへの可視・不可視性（見える／見えない）
　③人々の移動や滞留（どこにどのくらい人が集まるか・留まるか）
　④各街路間の接続性（各街路はどの街路とどのくらい強く結びついているか）
それぞれの項目は，指標と結びついて初めて「高い／低い，良い／悪い，強い／弱い」などの客観的な評価が可能となる。ここでは，①は屋外の気温，湿度，風速，放射の要素を総合的に評価できる温熱指標のPET（Physiological Equivalent Temperature，℃），②は Viewshed Analysis 手法による解析，③は

17.3 都市環境の改善を通じた地域価値の向上へつなげるスタディ　　　　171

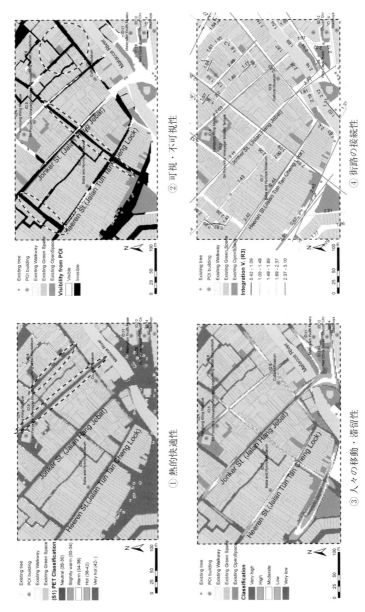

図 17.6 対象エリアについての多面的な物的環境の分析・評価

172　第17章　暑い街なかを快適に巡る—涼しい都市環境デザインのスタディ

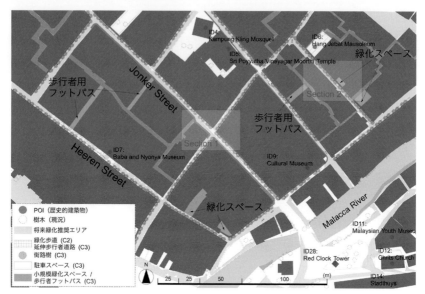

図 17.7　抽出された検討対象内の将来緑化推奨エリア

Space Syntax 理論に基づく Visibility Graph 手法による解析，④は同じく Space Syntax 理論の Axial Line 手法による解析を通じて定量的な評価を行っている．図 17.6 はこれら4つの側面についての解析結果の面的な分布を示している．

次にこれら4つの結果から，①より PET >34℃ となるエリア（暑い・不快を示す），②より不可視となるエリア（視線を邪魔しないことを示す），③より"Low（低い）"，"Very Low（とても低い）"となるエリア（人々が滞留していないことを示す）のみのエリアをそれぞれ抽出し，これらのマップを1枚にオーバーレイ（重ね合わせ）して「対象エリア内の各地点が①，②，③の側面のうちいくつを満たすかの頻度」を算出しランク分けを行う．これらすべての側面を満たすエリアが，地域の緑化による周辺の冷却，景観の保全，人々の歩行の誘発へのポテンシャルが最も高い（図 17.7 中の街路上に薄いグレーで示す部分は2つ以上満たすエリア）．この「将来緑化推奨エリア」上に，図 17.8 で示す歩行者道路の拡張によってできたスペースへの植栽および駐車スペースの新設による緑化ネットワークとして提案した．

17.3 都市環境の改善を通じた地域価値の向上へつなげるスタディ　　173

図 17.8　歩行者道路の拡幅による街路樹と駐車スペースの提案

17.3.4　地域緑化による「都市を冷やす」効果の確認

最後に，17.3.2 項で説明した地域緑化ネットワーク案が，「どこでどのくらい街なかを冷やす効果」があるのかについて検証をする必要がある．まず，街なかをどのように緑化していくかの詳細計画案を含めたシナリオを準備する．ここでは表 17.1 に示す通り，Case 1：現況（緑被率 0.9%），Case 2：マラッカ市作成の既存の景観保全計画を適用した将来像（同 2.8%），Case 3：街路樹や路上駐車スペース設置を含むより積極的な地域緑化（同 7.8%）の 3 つのシナリオを設定し歩行者道路上の熱環境改善効果を検証した．

表 17.1　3 つの緑化シナリオのコンセプトと計画詳細

	基本コンセプトと計画の方向性	計画の詳細
Case 1 (C1)	現況	—
Case 2 (C2)	マラッカ市の既存の都市保全計画の適用（文献 [1]-[3]）	1. 現況の路上駐車スペースの歩行者道路への置き換え（浸透性材料の利用） 2. 鉢植え・装飾用などの小規模な緑化（微気候シミュレーションには含めない）
Case 3 (C3)	既存計画を超える，より積極的な域内緑化（歩道延伸，街路樹および駐車スペース，歩行者専用のフットパス）	1. 9 m 幅員道路に面するショップハウス沿道の 1.5 m 幅員の歩道延伸（テラコッタタイル） 2. 街路樹（延伸歩道沿いに長さ 2.4 m の駐車スペース）の設置．2 本 1 組の樹木をショップハウスの間口幅（5～6 m）に連動して配置し，建物ファサードの可視性を確保する 3. 3 本の歩行者専用フットパスを設置し，街区内側と主要街路を接続 4. 未利用バックレーンの緑道への置き換え（浸透性材料利用）

図 17.9 は，緑化シナリオによる街なかの冷却効果について現況と比較した結果を示している。域内の歩行者にとって暑さについて許容可能な熱環境が得られると考えられるエリアは，2クラス（'Slightly warm（やや暖かい）'，'Neutral（どちらでもない）'）を含むとした。

まず，図 17.9 (a) に示す Case 2 と Case 1 における熱的許容可能エリアの変

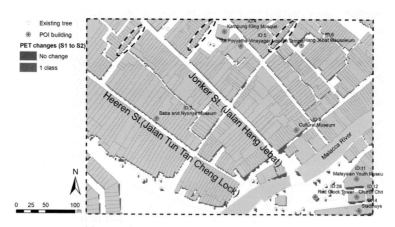

(a) Case2 と Case1 における熱的許容可能エリアの変化

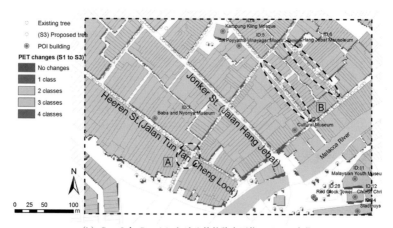

(b) Case3 と Case1 における熱的許容可能エリアの変化

図 17.9 緑化シナリオに基づく PET による熱的快適性の変化
上：Case 2-Case 1，下：Case 3-Case 1.

化に着目する。14 時時点における Case 1 の許容エリア分布からの改善変化量として，同図中の点線枠内に示す一部の新規緑道上で PET クラスが‘Warm（暖かい）’から‘Slightly warm（やや暖かい）’へと 1 段階改善した。しかし，その変化は非常に小さく，全体の 1% に満たない。また新規提案の緑道上であっても，北東方向に面する建物に隣接する緑道では変化がみられないことがわかった。

次に図 17.9（b）に示す Case 3 と Case 1 における熱的許容可能エリアの変化をみてみる。Case 1 の許容エリア分布からの改善変化量として，新規提案した街路樹の下では‘Very hot（とても暑い）’クラスから‘Slightly warm（やや暖かい）’クラスへと 3 段階改善した分布が確認できる。特に破線 A ゾーンに示す主要街路に接続する交差点や，B ゾーンの道路幅が比較的狭く，路上駐車が多くみられる街路上によく表れている。‘Slightly warm（やや暖かい）’を示すエリアの面積は全体のうち 5.2% 増加したことがわかった。結果として熱的に許容可能な温度である PET＜34℃のクラスには入らなかったものの，‘Warm（暖かい）’，‘Slightly warm（やや暖かい）’クラスへの 1〜2 段階改善したエリアが面積比にして合計で 6.5% あることがわかった。

まとめると，既存の保全計画に従い最低限の緑化を施した場合では街なかを冷やす効果が非常に小さく限定的であることがわかった。これに対し，景観の保全や人々の行動・滞留を考慮しながら各街路をネットワーク的に緑道でつなぐ計画を適用した場合には，対象範囲内の面積にして 6.5% の部分で周辺を冷やす効果が確認できた。

これらの検討を通じて，街路樹が道路面に日陰部分を創ることにより，歩行者の空間とその周辺における熱環境改善効果の位置と広がりについて詳細を確認してきた。緑化シナリオを適用することで対象範囲内の全域で歩行者にとって快適な熱環境が得られたとはいいがたいが，街路樹下とその周辺では，暑さがピークとなるときに，許容できる熱環境の範囲内に収まる地点が連続する箇所も確認できた。歴史的な建築物や街並みへのアイレベルでの視線のアクセス確保を考慮しながら，街路間を接続するようネットワーク状に街路樹を配した緑化シナリオは，将来的な域内歩行者の回遊性向上，それによる観光都市としての街のさらなる価値向上につながる地域緑化の手法として期待ができると考えられる。

17.4　今後のより良い住環境の形成へ向けた都市環境デザイン

年中高温多湿の東南アジア都市に着目し，屋外熱環境の改善を通じた「街なか

を涼しく回遊できる」都市環境のデザイン手法とそれによる街の価値向上を目指した研究事例を紹介してきた。これらの結果は，近年夏期の気候が亜熱帯化しているといわれる東京やその近郊の都市においてももちろん応用や展開が可能である。将来にわたり二酸化炭素排出の削減を通じた環境配慮型の街づくりを進めていくためにも，可能な限り，その地域特有の気候や生活スタイルに適応した自然の持つ力を利用したパッシブデザイン型の都市環境改善の方法が強く求められている。それぞれの街や地域が持つ歴史や文化的なコンテキストをきちんと保全し次世代に伝えながら，環境に配慮した街づくりを進めていく。このことが街なかにおける人々の回遊行動を誘発しウォーカブルな街並み形成へと発展し，さらなる来訪者の増加，ひいては街の価値向上へとつながっていく。これによってますますの環境改善の機運向上へとつながっていく，というサイクルが形成されるような都市環境デザインの方法を考えていくことが重要である。

　本稿は，文献［4］［5］をもとに和訳・加筆修正したものである。

参 考 文 献

［1］　Melaka Town and Country Planning Department（2000）：Local Plan 2003-2015.

［2］　Melaka Town and Country Planning Department（2008a）：Special Area Plan：Conservation Area Management Plan of Melaka Historical City, Melaka.

［3］　Melaka Town and Country Planning Department（2008b）：Conservation Area Action Plan.

［4］　Saito K., Said I., Shinozaki M.（2017）：Evidence-based neighborhood greening and concomitant improvement of urban heat environment in the context of a world heritage site-Malacca, Malaysia. *Journal of Computers, Environment and Urban Systems*, **64**：356-372.

［5］　Saito K., Said I., Shinozaki, M.（2015）：An analytical approach toward a future neighborhood green corridor for enhancing walkability in the context of a world heritage site：Malacca, Malaysia. *Journal of Sustainable Urbanization and Regeneration*, 43-52.

第 18 章　災害時の人間行動と安全・安心な都市づくり

〔諫川輝之〕

18.1　災害と防災の考え方

18.1.1　災害とは

「災害」という言葉を聞いて，まず思い浮かぶのは地震や津波，台風などであろう。こうした自然現象によって起きるものは狭義の「災害」であり，特に「自然災害」と呼ばれる。一方，大規模な火災や航空機の墜落など主として人為的な要因によって起きるものは「事故災害（産業災害）」と呼ばれ，両者を合わせて広義の「災害」とすることが多い。たとえば，林（2003）は，災害とは「自然現象や人為的な原因によって，人命や社会生活に被害が生じる事態を指す」としている。わが国の災害対策を体系的に定めた「災害対策基本法」という法律にも，これらを列挙する形で災害が定義されている。

自然災害が起こる仕組みを模式的に示したのが図 18.1 である。自然災害は，自然の外力（ハザード）が我々の生活する人間社会に作用して発生する。これはきわめて単純なモデルではあるが，外力が同じでも，人間社会の状態が異なれば災害の大きさも変わってくることを意味する。仮に同じ震度の地震が起こったとしても，都市と農村では被害の様態は大きく異なるだろう。裏を返せば，社会を構成する構造物（建築物や土木構造物など）の強さや人々の意識・行動を変えることで，被害を減らすことが可能だということだ。

図 18.1　自然災害が起きる仕組み

18.1.2　防災・減災とは

災害対策基本法には，防災とは「災害を未然に防止し，災害が発生した場合における被害の拡大を防ぎ，及び災害の復旧を図ること」をいうとされている。必ずしも事前に備えることだけではなく，発生した際の応急対応や発生後の復旧・復興まで含んだ概念である。復旧・復興期は次の災害に備える期間でもあるから，

災害発生前→発生時→発生後というようにこれらは繰り返していく。次に全く同じことが起こるわけではないが，教訓を次の災害に生かしていく必要がある。

　1995年の阪神・淡路大震災をきっかけに，「災害を未然に防ぐ」という考え方から「災害そのものを防ぐのは困難だが，災害による被害を軽減することを目指す」という発想へと変わってきた。このような中で生まれた「減災」という概念は「被害がでるのは避けられないが，できるだけ被害を少なく，かつ長期化しないようにする試み」（河田，2001）を指す。最近では，「防災・減災」という形で並べて表記されることが多くなっている。

18.1.3　人間行動に着目する意義

　防災の分野では，「ハード防災」と「ソフト防災」という分類が出てくることが多い。「ハード防災」とは，何らかの構造物によって被害を軽減しようとする手法を指し，建物の耐震補強や堤防の建設などがこれに当たる。一方，「ソフト防災」とは，構造物によらずに被害を軽減しようとする手法であり，ハザードマップや避難訓練，土地利用規制などがある（牛山，2011）。ハード防災は確かに効果があるが，多額の費用がかかり，想定以上の外力には耐えられない。わが国の防災対策は従来，ハード防災が主流であったが，1990年代以降ソフト防災への関心が高まり，ハードとソフトをバランスよく組み合わせて対策するという考え方が一般的になっている。

　筆者は，ハード防災も結局のところ，それをつくり運用する人間の側の問題に行き着くと考えている。たとえば，防潮堤に対して住民が過剰な依存心を抱き，迅速な避難が妨げられるという問題は，ハード（防潮堤）がソフト（避難）に影響するという構図であろう。ハード防災とソフト防災を別々に考えるのではなく，広義のハード（構造物だけでなく，地形などの自然環境なども含むモノ全般）と人間の認知や行動の関係をつなぐ研究が必要である。本章では，津波発生時の避難行動と高速道路における地震時の初期対応に関する研究を取りあげる。前者は一定の広がりを持った地域を対象として，一般住民の平時における意識と緊急時における行動を分析したもの，後者は特定の施設について，事業者の立場から緊急時の対応のあり方を検討したものである。

18.2　津波発生時の避難行動

　2011年3月11日，三陸沖を震源とするマグニチュード9.0の巨大地震が発生し，

東北から関東地方の沿岸部に大規模な津波が押し寄せた。この東日本大震災による死者・行方不明者は1万8000人余りに上り，その大半が津波による溺死であった。自然災害の中でも津波災害は，地震という前兆現象があり，発災までに時間的猶予があることが多い。このため，迅速な避難行動によって人的被害を大幅に軽減することが可能であるが，避難の遅れや不適切な場所への避難によって繰り返し大きな被害が出ている。

　筆者らは，この地震において大津波警報が発令され，避難が呼びかけられた千葉県御宿町において，住民の津波避難に関する意識や行動を継続的に調査してきた。御宿町では，結果的に津波による人的被害は発生しなかったが，高さ10 m以上の津波来襲が予想される緊迫した状況にあった。ここでは，そのような状況で沿岸部の住民がどのように行動したのかをみていくことにする（諫川ほか，2012；Isagawa *et al.*, 2018）。

18.2.1　事前の意識と実際の行動

　津波発生時における住民の避難行動の意向や防災意識を把握するために，2008年12月，御宿町の沿岸地区で町の協力を得てアンケート調査を行った（以下，「2008年調査」）。その中では，「正午，在宅中に房総半島沖で地震が発生し，約3分後に高さ8 mの津波警報が発令された」という想定のもとで避難しようと思うか尋ねた。

　2011年3月11日14時46分に発生した地震により，町では震度4の揺れを観測した。地震発生から3分後に発令された津波警報では予想される津波の高さは2 m程度とされていたが，その後，大津波警報に切り替えられ，予想される津波の高さは最終的に10 m以上となった。町では防災行政無線や広報車によって警報発令を知らせるとともに，高台への避難を呼びかける放送を繰り返し行った。津波の第1波が到達したのは15時20分頃であった。東京大学地震研究所による調査では2.5 mの浸水高があったとされている。

　この地震における実際の住民行動を把握するため，2011年7月下旬にアンケート調査を実施した（「2011年調査」）。調査概要を2008年調査と比較する形で表18.1に示す。対象地域，配布・回収方法は2008年調査に準じて行った。

　震災前後の調査から，避難実施の有無を比較したのが図18.2である。2008年調査では，対象地域の95％の人が避難する意思を示したが，2011年の地震において実際に避難した人は回答者全体の約4割にとどまった。

なぜこのような結果になったのか？　そこには，「正常性バイアス」と呼ばれる，災害時に陥りやすい心理現象が影響していると考えられる。「正常性バイアス」（「正常化の偏見」ともいう）とは，「ある範囲までの異常は異常だと感じずに，正常の範囲内として処理する心のメカニズム」である（広瀬，2004）。知識の不足や楽観的思考，他人ごととして考える傾向などが関連したもので，火災報知器が鳴っても誤報だろうと考えて逃げないなど，しばしばみられることである。災害時の行動というとパニックが心配，とよくいわれるが，実際にパニックが起こるのはまれで，むしろ危険な状況なのに逃げないことのほうが問題となることが多い。

表18.1　住民行動のアンケート調査

	2008年調査	2011年調査
調査対象地域	御宿町内の津波浸水予想区域およびその周辺の6地区 （浜，須賀，久保，新町，六軒町，岩和田）	
対象者	対象地区内の全世帯	地震当日町内にいた方
配布方法	町発行の広報誌と一緒に全世帯に配布	
配布時期	2008年12月10日〜	2011年7月25日〜
配布数	2,285票	2,272票
回収方法	郵送回収	
回収期間	2008年12月10日〜 2009年1月31日	2011年7月25日〜10月31日
有効回収数	564票	447票
有効回収率	24.7%	19.7%
内　容	・津波時の行動の意向 ・津波防災意識	・地震直後の行動 ・行動の理由，防災情報の取得状況

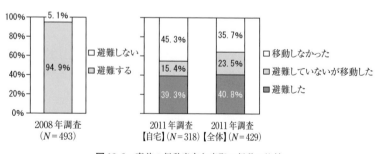

図18.2　事前の行動意向と実際の行動の比較

18.2.2 避難するかどうかを分けた要因

御宿町では，停電が起こらなかったこともあって津波警報（大津波警報も含む）の発令を知っていた人は9割近く，町による避難の呼びかけを聞いた人も7割に及んでいた。これらの情報取得と避難実施との関連を分析したところ，どちらも情報を知らなかった人に比べれば知った人の方が避難していた。しかし，情報を得ても半数以上の人々は避難せず災害情報が避難に与える影響は限定的であった。

避難しなかった人にその理由を複数回答で尋ねると，「海面から高いから」(35.4%)，「海から遠いから」(20.7%) など地形的な要因や「町には津波は来ないと思った」(30.4%) など，自分のいた場所のリスクを楽観的に考えた人が多かった。しかし，実際には海からは離れていても海抜は低かったり，周囲から少し小高くなっているだけだったりと，必ずしも安全ではない人が少なくなかった（図18.3）。人々の地形に対する認知（イメージ）は実際の空間と乖離しているのである。

18.2.3 立ち寄り行動

ここで，図18.2をもう一度見て欲しい。2011年調査では，避難しなくても何らかの移動を行ったケースが全回答者で2割以上，地震発生時自宅にいた人でも

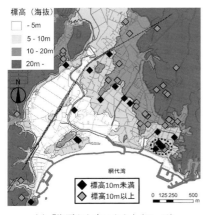

(a)「海面から高いから」($N=48$)　　(b)「海から遠いから」($N=32$)

図 18.3 地形を理由に避難しなかった人の自宅位置（地震発生時自宅にいた人限定）

15%程度いたことがわかる。さらに，避難した人の中でも，避難に先立って何らかの移動をした人が少なくなかった。実際の津波発生時における人々の行動は，単に「避難するかどうか」では括れない多様なものなのである。ここでは，避難以外の目的で何らかの場所を訪れる行動を総称して「立ち寄り行動」と呼ぶ。

全体的な特徴として，自宅にいた人に比べ自宅以外にいた人は，その場にとどまったり直接避難先に向かったりした人は少なく，立ち寄り行動を行った人が圧倒的に多いことがわかった。その内容として特に多かったのは，いったん自宅に戻る，海の様子を見に行く，子どもを迎えに行くという行動である。こうした行動の多くは家族や財産の保護，状況確認という根源的な欲求から発生したと考えられるが，避難の遅れを招く危険な行動といわざるをえない。学校施設を高所に移す，海の様子が見える安全な避難場所を確保する，家族の安否確認ができる手段を整備する，避難場所にあらかじめ最低限必要な物資を用意しておくなどの対策が必要である。

18.3 高速道路における地震時の初期対応

大規模地震が発生した場合，高速道路は緊急輸送路としての重要な役割が期待される。また，各高速道路会社では周辺自治体や関係機関と連携して，サービスエリアやパーキングエリア（以下，休憩施設）を防災拠点として活用する方針を打ち出している。このような背景のもと，施設の強化，業務継続計画（BCP）および防災対応マニュアルの策定，防災訓練の実施などの対策が行われているが，地震発生直後の対応を迅速に行うためには，休憩施設において発災時に起こりうる事態を想定し，必要な情報や対応手順をあらかじめ確認しておく必要がある。

筆者は中日本高速道路株式会社東京支社（NEXCO中日本東京支社），および株式会社人間環境デザイン研究所と共同で，高速道路休憩施設における現場レベルの具体的な対応を強化するための研究を行った。

18.3.1 高速道路利用者の意識と行動

高速道路利用者の防災意識と利用中に震災が発生した場合の行動を確認するために，NEXCO中日本東京支社管内の東京都，神奈川県，静岡県に居住する東名高速道路・新東名高速道路利用者に対し，webによるアンケート調査を実施し1236名から回答を得た（諌川ほか，2015）。

高速道路の本線は，計測震度4.5以上（震度5弱以上）で点検のため通行止め

18.3 高速道路における地震時の初期対応

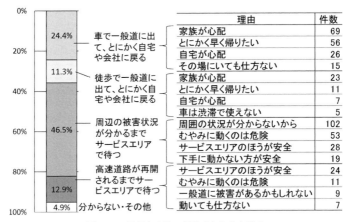

図 18.4　通行止め時の行動意向と主な理由

を実施することとなっている。「自宅や会社から数十 km 程度離れたサービスエリア滞在中に大きな地震が起こり，本線が通行止めになった」という想定でどのように行動するかを尋ねたところ，図 18.4 のように，周辺の被害状況がわかるまでサービスエリアで待つとする人が最も多い一方で，車または徒歩で一般道に出て自宅や会社に戻ろうとする人も 4 割弱に上った。それぞれ行動の理由を自由回答で尋ねた結果を分類すると，図 18.4 右のように，戻る人では「家族が心配」「とにかく早く帰りたい」などの回答が多い一方で，その場で待つ人は「周囲の状況がわからない」「むやみに動くのは危険」「サービスエリアの方が安全」という回答が多かった。無理に帰宅しようとすると二次災害に巻き込まれる恐れがあることから，周辺の道路の被災や通行止め状況なども含めた情報提供が必要であるといえる。

18.3.2　タブレット版建物点検マニュアルの作成

大規模地震が発生した場合，休憩施設では利用者をいったん建物外に退避させたうえで，建物の被害状況を確認し，支社などへ報告することになっている。そこで，建築的専門知識がないスタッフが応急的に建物の安全性を確認するための建物点検マニュアルを作成した。まず，紙面版を作成して現地実験を行ったところ，紙面のハンドリングに時間がかかる，点検箇所に正しく到達できないなどの課題が明らかになったため，タブレット端末により操作が可能なものを開発した

184　第 18 章　災害時の人間行動と安全・安心な都市づくり

(a) 点検箇所指示

(b) 点検画面

図 18.5　タブレット版建物点検マニュアルの画面例

（溝渕ほか，2016；添田ほか，2016）。点検箇所の指示は図面と写真を用い，画面に表示される質問に「ある」「ない」の2段階，もしくは「たくさんある」「少しある」「ない」の3段階で回答することによって，各ゾーン別の損壊レベルが判定される仕組みである。画面の例を図18.5に示す。現地実験を行った結果，紙版に比べて自立的に建物点検が行えるようになり，所要時間の短縮を図ることができた。将来的にはこの点検データを本部などに送信できるようにすることで，状況把握の迅速化が期待される。

18.4 安全・安心な都市づくりに向けて

豊かな都市生活を送るうえで，安全性は最も重要で基本的な要素である。しかし，現実にはさまざまな場面でこれを脅かす事態が多発している。今後も甚大な被害をもたらす地震災害の発生が懸念されるほか，気候変動に伴う風水害や火山噴火の危険性増大も指摘されている。また，テロやSARS，鳥インフルエンザなど，新たなリスクにも備えなければいけない時代になっている。防災・減災に関する技術や取り組みは年々向上しているが，人間社会も複雑に変化しており，過去に経験したことのない災害も起こりうる。

災害とともに生きていく工夫の集積を「災害文化」と呼ぶ（矢守ほか，2011）。大きな災害が頻繁に発生する地域においては，災害による影響を最小限にするための建築やまちづくりの工夫，的確な状況判断のための知恵，コミュニティ全体で支えあう社会システムなどが伝えられてきた。たとえば，蔵造りの街並みは防火を目的としてつくられた景観，「稲むらの火」は津波への警戒と早期避難の重要性を説く物語である。都市の安全性を向上させるためには，災害を知り，先人の知恵を受け継ぐとともに，人々の知恵と努力を結集してさまざまな最新技術を活用し，新たな災害文化を創り出していく必要がある。

参 考 文 献

［1］ 林　春夫（2003）：災害をうまくのりきるために―クライシスマネジメント入門．防災学講座4　防災計画論（京都大学防災研究所編），山海堂．
［2］ 広瀬弘忠（2004）：人はなぜ逃げおくれるのか―災害の心理学，集英社．
［3］ 諌川輝之，村尾　修，大野隆造（2012）：津波発生時における沿岸地域住民の行動―千葉県御宿町における東北地方太平洋沖地震前後のアンケート調査から．日本建築学会計画系論文集，**77**：2525-2532.
［4］ 諌川輝之，添田昌志，山本浩司，伊藤佑治，大野隆造（2015）：高速道路休憩施設にお

ける地震時初期対応のための利用者の意識・行動分析. 地域安全学会論文集，**27**：121-128.

[5] Isagawa, T., Ohno, R.（2018）：Influence of residents' cognition of their local environment on evacuation behavior from tsunamis：A case study of Onjuku, Chiba prefecture. *Japan Architectural Review*, **1**,（4）：486-503.

[6] 河田惠昭（2001）：自然災害の変遷. 防災学ハンドブック（京都大学防災研究所編）, p.12-30, 朝倉書店.

[7] 溝渕達郎，添田昌志，今井詩織，水野真歩，伊藤佑治，山本浩司，諌川輝之，大野隆造（2017）：高速道路休憩施設における地震時の初期対応に関する研究　その6　タブレット版「建物点検マニュアル」の作成. 日本建築学会大会学術講演梗概集，p.611-612.

[8] 添田昌志，溝渕達郎，今井詩織，水野真歩，伊藤佑治，山本浩司，諌川輝之，大野隆造（2017）：高速道路休憩施設における地震時の初期対応に関する研究　その7　タブレット版「建物点検マニュアル」を用いた現地実験. 日本建築学会大会学術講演梗概集，p.613-614.

[9] 牛山素行（2011）：災害情報という防災対策は難しい. 第35回日本科学教育学会シンポジウム「非常時を乗り超える科学教育」予稿.

[10] 矢守克也，渥美公秀編著（2011）：防災・減災の人間科学，新曜社.

第19章　都市と国際開発プロジェクト

〔沖浦文彦〕

　本章では「都市イノベーション」を実現するための「国際開発プロジェクト」のあり方を考察する。

　ここでは「イノベーション」を「技術革新の結果として新しい製品やサービスが作り出されることによって人間の社会生活を大きく改変すること」という，伊丹（2009）の定義に基づき考察を進めたい[*1]。同定義のポイントは，イノベーションとは単なる改善ではなく「人々の生活を変える」ものであるとしている点にあり，都市でも新しいコンセプトや技術による「開発プロジェクト」を通じた，「多くの人々の社会生活を良い方向に改変する」イノベーションが望まれている。

　また，「国際開発」という用語は「開発援助」を意味することが多いが，民間の経済活動などを含んだ広い意味を持つ。本章では「国際」の観点について，「開発プロジェクト」の構成要素が「国と国をまたぐ」ことと捉え論ずる。

　以上より本章は，都市において「イノベーション」を実現するための，望ましい開発プロジェクト（群）の組成，実施のあり方を検討する枠組みと，そこで「国際」的観点が果たす役割を明らかにしたい。そのためのケーススタディとして，政府開発援助（Official Development Assistance : ODA）によるカンボジア・プノンペン市上水道整備を事例とした「都市イノベーション」の経緯をまとめ，これをプログラムマネジメントに関する理論を用いて考察する。

19.1　ODA によるカンボジア・プノンペン市上水道整備の経緯

19.1.1　カンボジア・プノンペン市上水道の ODA によるイノベーション

　「都市イノベーション」の事例として，水道整備を考えてみよう。これまで「水道」がなかった，あるいはそのサービスが不十分であったところにその整備を行

[*1]　「都市」におけるイノベーションは，Stanford University Center for Philanthropy and Civil Sosiety が発行する "Stanford Social Innovation Review" に代表される "Social Innovation" の議論が深く関連する。本章ではこれら議論を念頭に置きつつも，イノベーションそのものの伊丹による定義を基に，考察を進めることとする。

うと、裨益する人々に大きなインパクトを与える。すなわち、遠距離の水汲みからの解放、水売りに支払ってきた高い水料金の引き下げ、感染症罹患リスク低下など、水道整備は、労働、経済や安全・衛生などの観点から裨益する「人々の生活を望ましい方向に改変する」イノベーションである。

カンボジアの首都プノンペン市の水道は、長年の内戦による施設の破壊や汚職・不正の蔓延などからきわめて低いサービス水準に留まっていた。しかし、同国の和平成立後1993年からの日本を含む多くのドナーのODA再開と自助努力により、その後20年間弱で劇的な改善がみられ、現在では先進国の多くの水道事業体を上回るサービス水準と経営状態にある。その

図19.1 カンボジア地方部では珍しくない、生活用水としての天水の利用（筆者撮影）
写真上部の樋からホースを伝って水がめに雨水が溜まる。

成果は表19.1のとおりであり、このように、「プノンペンの奇跡」（鈴木・桑島、2015）と呼ばれるイノベーションが実現された。

表19.1 プノンペン水道公社のパフォーマンス指標推移
（鈴木・桑島、2015；国際協力機構、2015をもとに筆者作成）

指　標	職員数/1000給水栓	水供給能力 m^3/日	水質基準	給水普及率	1日あたり給水時間	配水管網水圧	接続数	無収水率	水道料金徴収率
1993年	22	65,000	不明	25%	10時間	0.2 bar	26,881	72%	48%
2012年	2.75	430,000	WHO準拠	85%	24時間	2.5 bar	234,022	5.85%	99.9%

19.1.2　上水道の「システム」としての性質

水道供給サービスの構成要素を整理してみよう。水道は①水源から原水を取水し浄水場まで導水、②浄化処理・殺菌などを行い上水を生産、③上水に圧をかけて送水・配水管網を通じて配水、④給水管を通じて最終需要者に給水、⑤給水量測定と課金による料金徴収、という流れにより構成される。これらの運営は、取水設備、浄水場、管網などのハードウェアと、その運転維持管理のための土木、

電気，機械，化学などの専門技術，さらに組織運営，会計，広報，顧客対応などのノウハウからなる総合的事業である。

換言すると水道は，「取水→導水→浄水→送水→給水」という要素が連関して水供給という価値を生み，その対価として「料金徴収」があるといえる。ゆえに良好なサービスを提供できれば料金収入も増加し，その結果投資余力が生じ，追加投資によりさらにサービスが向上し，そして料金収入の向上，という好循環となるが，その逆たる悪循環となるリスクもある。また水道料金は公共料金であるため，しばしば政治的に低く抑えられる。その水準を適正なものとするためには，政治家の理解を深めることとともに，料金負担者の水道全体への信頼感（汚職有無やサービス水準に影響される）獲得努力が必要である。

日本工業規格（JIS）（1967）では「システム」を「多種の構成要素が有機的に秩序を保ち，同一目的に向かって行動するもの」と定義している。上水道事業は水を供給する「上水道供給システム」と「料金収入」という要素からなる「上水道システム」となっているといえ，これらシステムをいかに持続的に好循環させるかが，「プロジェクト」を考えるうえでの課題である。これらの関係は図19.2のとおり示される。

このような価値実現のシステムとその対価の「好循環（あるいは悪循環）」という構造を持つ都市機能は上水道のみではなく，商業や業務施設，公共交通も同様である。直接の料金回収がない公共財たる道路や橋梁なども，その提供価値の存在ゆえに予算措置を受けられる。

すなわち都市機能のサービス水準確保，向上のためには，それらを多様な要素

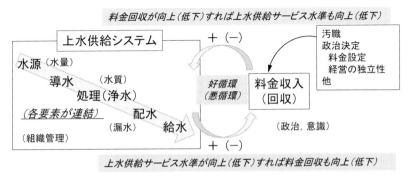

図19.2　上水道システムにおける「好循環」と「悪循環」

の連関である「システム群」として捉え，それを「好循環」とするための対応が
必要である。

19.1.3　プノンペン市上水道システムへの支援経緯

ODA による支援は主に，プノンペン水道公社（Phnom Penh Water Supply
Authority : PPWSA）に対してなされた。内戦終結直後に日本の国際協力機構
（Japan International Cooperation Agency : JICA）は PPWSA と他ドナーと緊
密に連携し，2010 年を目標にプノンペン市水道全体に関するマスタープランを
作成した。同プランを基にフランスや国際機関による配水管網整備，日本による
浄水場の復旧と，組織整備や浄水，配水等に関する PPWSA 職員の人材育成（技
術協力）が実施された。その後，低利融資（有償資金協力）による大規模施設更
新と整備（新規浄水場建設など）がなされ，水道サービスの対象を拡大した。さ
らに，水質維持改善や遠隔監視および操作などの高度な技術の導入，組織整備な
どの技術協力が実施され，2004 年からは 2020 年を目標とする新たなマスタープ
ラン調査を実施している。

このようにプノンペン市の上水道は，「システム」を構成する多様な要素を持
つ対象に対して，施設整備や技術協力など数多くの支援プロジェクトと，当事者
である PPWSA の尽力により，「上水道システム」全体を「好循環」とした例で
ある。

19.2　プロジェクト＆プログラムマネジメント理論による検討

本節ではプノンペン市の上水道整備の事例の特徴を，複雑かつ変化の激しい分
野の検討に適した日本発祥の理論と知識体系である「プロジェクト＆プログラム
マネジメント理論（Project and Program Management ; P2M 理論）」（吉田・山本，
2014 ; 日本プロジェクトマネジメント協会，2014）により検討する。

19.2.1　プロジェクト・プログラム・オペレーションの考え方

P2M 理論では「プロジェクト」を次のように定義している。

> 「特定使命（Project Mission）を受けて，資源，状況などの制約条件
> （Constraints）のもとで，特定期間内に実施する，将来に向けた価値創造事
> 業（Value Creation Undertakings）」

19.2 プロジェクト&プログラムマネジメント理論による検討

「プロジェクト」は，1回限りで非反復的な「個別性」，始まりと終わりがあり期限がある「有期性」，動員可能な資源やかけられる時間などの「制約条件」，そして状況変化やリスクによる「不確実性」といった性質を持つ。

そして「プログラム」は，次のとおり定義される（P2M）。

> 「全体使命（Program Mission）を実現するために，複数のプロジェクトが有機的に結合された事業」

プログラムとは，単独の「プロジェクト」では対応不能な複合的な問題解決を前提とした要求に対応するものであり，その性質として，政治的，経済的，社会的，技術的，倫理的など多様な要素の総合による「多義性」，これら要素の組合せによる，規模，領域，構造の「拡張性」，プロジェクト間の境界，結合，ライフサイクル複合などで生じる「複雑性」，完成までの期間が長く環境変化に直面するため高い「不確実性」，という性質を持つ。

これらに対し，反復性があり期限が定められていない活動は「オペレーション」と呼ばれる。すなわち「オペレーション」により一定の価値が提供されているところに，「プロジェクト」を実施して新たな価値を創出し，その終了後のオペレーションにより提供される価値が向上している構図となる。

これらオペレーション，プロジェクト，プログラムの関係を図19.3に示す。

この考え方をプノンペンの例に適用すると，「プノンペン市の上水道サービス水準の向上」という「プログラム全体使命（ミッション）」達成のために，複数のプロジェクトを有機的に組み合わせたプログラムが実施されたといえる。

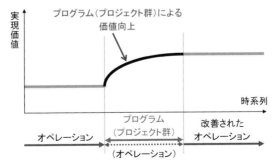

図19.3 オペレーション，プロジェクト，プログラムの関係

19.2.2　価値実現のための「モデル」

P2M 理論では持続的価値実現のためのステップとして，「3S モデル」が提唱されている。これは，構想計画を意味し，実現性に関する調査書を成果物とする「スキームモデル（Scheme Model）」，具体プロジェクト具現化の詳細設計や実際の実施によるシステムの構築を図る「システムモデル（System Model）」，構築されたシステムを利用して財を生産しサービスを提供し，技術，ノウハウ，データなど新しい資源を蓄積する「サービスモデル（Service Model）」の 3 つの "S" からなるモデルである。サービスモデルは，プロジェクトとして次の段階に備えるための技術やデータなどの蓄積を図る点が「オペレーション」と異なる。

中村ほか（2011）は，これを ODA に適用し次のとおり整理している。

> **スキームモデル**＝開発政策・開発計画などの構想・策定
> **システムモデル**＝全体システム構築のための各種事業の実施
> **サービスモデル**＝全体システムの運営・維持による事業価値の創出・獲得

この考え方をプノンペン市上水道整備に適用すると，「スキームモデル」にはマスタープラン作成が該当する。その結果を踏まえて「システムモデル」に当たる「プロジェクト群」が実施され，実際に価値を実現する「サービスモデル」につなげている。そしてそこで蓄積された資源などを基に再度マスタープランを作成し，「3S モデル」のサイクルの繰り返しを行っているといえる。

19.2.3　プログラムの「使命」「主体」と「リソース」

「プログラム」では，「プログラムが達成すべき使命（Mission）」を設定する。それはプログラムの目的であり，ある対象の現状（As Is）を出発点とし，プログラム実施後に達成する「あるべき姿（To Be）」の形で表現される。

通常，複数のプロジェクトからなる「プログラム」には多数の「主体」が関係しているが，「使命」を設定しその達成責任を負う主体が「プログラムオーナー」となる。そして，都市を対象とするプログラムにおいては「オーナー」のみでのプログラム実施は困難で，多くの主体が関係する（他方，民間企業の新製品事業化などは単一主体での完結もあり得る）。プノンペン市の上水道整備ではPPWSA（局長）がオーナーといえるが，カンボジア国政府などオーナーの行動を規制や促進する主体が存在する。日本国政府は JICA にとり同様の存在であり，これらに裨益者である地元住民，他ドナー，民間企業（コンサルタント，建設業

者など）などの主体も関係する。そして，オーナーを含め各主体は自らの関心や利害に基づき行動することから，各主体にとっての最適（部分最適）の総和が全体最適となるようなマネジメントが求められる。

そして，関係する主要な「主体」の属する国が異なる場合，そのプログラムやプロジェクトは「国際」的なものとなる。そして ODA はプログラム実施に当たり，支援するドナーや企業などが「技術」「コンセプト」「資金」などをプロジェクトに持ち込むことで，これまで存在しなかった新しい技術等を用いた「イノベーション」を企図するものである。

一方で，プロジェクト期間限定の「外部」からのリソース持ち込みには，持続性やミスマッチなどの問題が発生する可能性があることには留意が必要であり，これは ODA に限らず，国内における「補助金」などにおいても同様のことがいえる。

19.3　都市イノベーションを実現するための国際開発プロジェクトのフレームワーク

最後に，都市に「イノベーション」を実現するための「プログラム」の組成，その実施のあり方を検討するための枠組みと留意点，「国際」的観点の位置付けに関する全体像のフレームワーク（図 19.4）と，ポイントを示す。

19.3.1　「対象」理解の重要性

イノベーションにより価値を創出する「対象」があり，まずその現状に至る背景，環境，構造を，適切に理解することが重要である。その際には人口，土地利用，交通など物理的状況とともに，特に明文化された法令，しくみのほか，人々の実際の活動につながる，共有されている価値観などソフト面を含む，複層的な把握が重要である。

19.3.2　「現状（As Is）」と「望ましい将来像（To Be）」の構想

次に，対応が必要な「問題」を特定し，「対象」の「現状（As Is）」の把握と「あるべき将来像（To Be）」の設定が必要である。そして "As Is" から "To Be" に至るために実施されるのがプログラムである。P2M 理論では，目標年次，将来像（達成すべき価値）を定めた後に，そこに至るために必要なプロジェクト群を 3S モデルを念頭に定める「バックキャスティング」手法を用いることが多い。

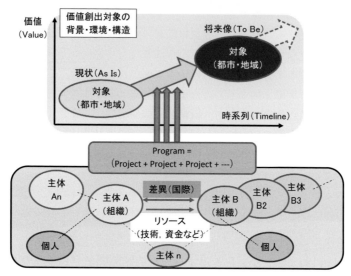

図 19.4 都市イノベーションを実現するプログラム全体像のフレームワーク

　この「To Be」設定のための方法論は大きな課題である。マスタープランなど演繹的分析により導くことと，帰納的に「構想力によりビジョンを示す」こと双方が魅力的な都市像実現には必要であり，「デザイン思考」などの方法論もポイントになってくるであろう。

19.3.3 関係する「主体」について

　関係主体が，資源確保を含め，プロジェクトやプログラム実施に必要な権限と能力を持つかの分析も重要である。それらを通じて，いかなる「主体」が価値実現に関係するのか，あるいは自らが価値実現の全体像においていかなる位置付けを持って参画するのかについて，理解することが必要である。

　ここで特に民間企業の役割について言及したい。著名な経営学者，経営思想家であるP.F.ドラッカー（1993，原書初版は1954）は，「企業にとって利益は目的ではなく，条件であり，妥当性の尺度であり」「社会的な役割を果たすことが目的である」と喝破した。世界的にSDGs達成が課題となる中，「企業」セクターは各企業の理念に基づき，その人材，技術，資金力などを活かし，社会的価値実現への貢献が期待されるとともに，それが企業持続の要件となる。

19.3.4 「国際」の観点

これまで記載した営みにおいて，関係要素や主体が国をまたがる場合，それは「国際」的なものとなる。日本から諸外国に出向き価値実現を図る場合や，日本国内での価値実現を諸外国の企業や個人らと図ることが該当し，昨今の人や資本などのグローバルな流動性を考えると，この観点の保持は不可欠といえよう。

国それぞれが持つ背景や考え方，言葉，社会的文脈，法律やしくみ，保有する技術や経験，資源などの差異は，しばしばリスク要因となり，その対処は大きな課題となる。一方でかかる差異から生じる多様性を活用できれば，「国際」的なアプローチならではの高い付加価値が期待できよう。この点からも，「都市イノベーション」のように大きなインパクトを目指すにあたって，「国際」的な観点は重要な役割を果たす。その実現のためには組織，個人ともに自らの考えを確固として持ちつつ，自らとは異なる相手方とコミュニケートし，理解，共感，許容する姿勢とその力を持って，相手と共同でこれまでなかった価値を創り出すことが求められる。

19.3.5 「プロジェクト」（群）の組成と実施，持続のためのマネジメント

「望ましい将来像（To Be)」実現には，具体的なプロジェクトの組成（スキームモデル）と実施（システムモデル），その運営維持管理（サービスモデル），および評価が必要である。これら具体プロジェクトのマネジメントノウハウは，P2M 理論の各論をはじめ多くの蓄積[*2] が存する。本章では紙幅の制約から省略するが，個別プロジェクトの着実な組成，実施による成果達成，そして他オペレーションやプロジェクト群との連携は重要課題である。

19.3.6 「個人」の素養

いかなる組織であれ，最終的にはその立ち振る舞いはその構成員たる「個人」に依存する。各個人には，何かを構想する力，分析する力，19.3.4 項にまとめたグローバル人材としての力（コンピテンシー[*3]），プログラムやプロジェクトマネジメントに関する知識および能力と経験，などが求められる。それらのベー

[*2] P2M 理論個別マネジメント知識体系等や，アメリカの Project Managemeni Institute（PMI（2018））の "Project Management Body of Knowledge"(PMBOK®) が広く普及している。

[*3] 織田（2018）によると，"Knowledge skills" から "attitudes, identity" へと拡大しつつある概念。

スの上に，都市のライフスタイル，マネジメント，デザイン，しくみなど，各分野の専門性を持つことで，その個人は価値実現のさまざまな場面への貢献が期待される。

　本章では，「都市イノベーション」実現にあたって「国際開発プロジェクト」が果たす役割や留意点などについて，P2M 理論を基にフレームワークとしてまとめた。このフレームワークなどを活用して国際的に活躍できる人材が求められている。その推進・輩出のためには，個人の「課題発見力」「課題展開能力」「構想力」「グローバル人材としてのコンピテンシー」向上とその方法論が課題である。

参 考 文 献

［１］　ドラッカー，P. F. 著，上田惇生訳（1993）：新訳 現代の経営，p.44，ダイヤモンド社.
［２］　伊丹敬之（2009）：イノベーションを興す，日本経済新聞出版社.
［３］　国際協力機構，日水コン（2015）：第３回アジア地域上水道事業幹部フォーラム実施報告書，国際協力機構.
［４］　中村　明，亀山秀雄，小原重信（2011）：開発途上国における開発計画策定支援計画の意義とその実行への PPP 適用に関する研究―3S モデルによる開発プロセスの適正化. 国際 P2M 学会誌，**6**(1)：113-127.
［５］　日本工業規格（JIS）（1967）：オペレーションズリサーチ用語 JIS Z8121. https://www.jisc.go.jp（2019 年 5 月 7 日閲覧）
［６］　日本プロジェクトマネジメント協会（2014）：P2M 標準ガイドブック改訂 3 版，日本能率協会マネジメントセンター.
［７］　織田佐由子（2018）：理工系人材のグローバル・コンピテンシーの開発と評価. 芝浦工業大学博士学位論文.
［８］　Project Management Institute（2018）：プロジェクトマネジメント知識体系ガイド PMBOK ガイド 第 6 版（日本語），Project Management Institute.
［９］　鈴木康次郎，桑島京子（2015）：プノンペンの奇跡―世界を驚かせたカンボジアの水道改革，佐伯印刷.
［10］　吉田邦夫，山本秀男編著（2014）：実践プログラムマネジメント，日刊工業新聞社.

索　引

欧　文

3S モデル　*192*

BID　*47, 61, 86*
BIM　*161*

CS　*2*

e コマース　*98*
EC　*54*
ES　*2*

GDP　*50*
GNH　*50*

iBOT™　*137*
ICT 技術とデザインを統合したビジネスと観光のプラットフォーム創造　*90*
ICT 新時代　*80*
ICT プラットフォーム　*90*

LOCAL FIRST や地域循環経済に焦点を当てたサービスシステムの構築　*87*

MaaS　*142*
MECE　*20*

NPO 法人　*31*

ODA　*187*

P2M 理論　*190*
PET　*170*
PFI　*56*

POI　*170*
PPP　*56, 151*

QOL　*56*
Quality of Mobility　*86*

REIT 指数　*67*

SDGs　*50, 142*
SUPP モデル　*7*

"*The Elusive City*"　*106*
TVEF　*111*

ア　行

アーキグラム　*107*
空き家　*153*
アクティビティ　*115*
アクロス福岡　*107*
アセットクラス　*75*
新しい価値連鎖の輪　*90*
新しい価値の構築　*82*
新しい考え方の公共空間の創造と運営　*85*
新しい体験を提供する開発と運営　*89*
アーバニズム　*103, 113*
アーバンキャンプ　*114*
アメリカ合衆国　*101*
アメリカ大陸　*101*
粟津潔　*106*
アンケート　*24*
アンバース, エミリオ　*108*

移住　*51*
磯崎新　*106*
位置情報ゲームアプリ　*161*

市場　*18*
石徹白地区　*46*
イノベーションネットワーク　*40*
イノベーション力　*43*
イノベーション論　*38*
移民　*103*
イールドギャップ　*69*
インクルーシブ・デザイン　*62*
インセンティブ　*149*
インターナル・マーケティング　*2*
インテリアデザイン　*125*
インテリアデザイン 3.0　*125*
インバウンド 6,000 万人時代　*88*
インフィル　*154*
インフラ事業　*78*
インフラストラクチャー　*110*

ウィトルウィウス　*107*
「ウィトルウィウス的人体図」　*107*
「ウエストサイド・ストーリー」　*104*

榮久庵憲司　*106*
エコデザイン　*134*
エリアマーケティング　*43*
エリアマネジメント　*43, 47, 57*
エレベーター　*106*
エントロピー　*27*
エントロピー最大化空間的相互作用モデル　*27*

オイコス　*20*

大阪万博　107
大通地区（札幌）　58
オキュパイウォールストリート
　115
オースマン，ジョルジュ・ウ
　ジューヌ　105
オーチス，エリシャ・グレーブ
　ス　106
オフィス市場　71
オープンイノベーション　45
オープンスペース　108, 110
オペレーション　191
尾山台（世田谷区）　52
温暖化　166

カ　行

海岸景観　111
会社（法人）　31
開発用地買収手法　106
買物難民　138
回廊都市　43
界隈　109
活版印刷技術　105
ガバナンス　43
借入　32
観客　22
元金均等返済　32
関係人口　51
観光　51
　——のユニバーサルデザイン
　　140
神田（千代田区）　114
ガンデルゾナス，マリオ　107
官民連携　43, 151
元利均等返済　32

幾何学　107
菊竹清訓　106
技術開発　40
技術革新　42
キャッシュフロー　33
キャップレート　69
休憩施設　182

共創　40
共同企業体　30
共有地　47
　——の悲劇　13
近接性　41
近代都市　106

空間デザイン　101, 131
空間モデル　41
空中権　103
グーテンベルク，ヨハネス
　105
クラスター計画　40
黒川紀章　106
クロスオーバーミュージック
　104
グローバル人材　195
群衆　22

経済人　23
結節点　41
減価償却　34
減災　178
現代アート　104
『建築十書』　107
建築・都市開発のビジネス手法
　82

広域都市圏　43
公開空地　150
公共空間，交通施設，歴史的資
　産，社会資本などのストッ
　ク　81
公共資産・公共空間の運営
　85
公共政策　144
公衆　22
高層化　106
高速道路　182
交通　135
広報 PR　7
公民連携　56
顧客満足　2
国際開発　187

国際競争力　152
国際建築設計競技　108
国民総幸福量　50
国民総生産　50
個人財産と社会資本のボーダレ
　ス化　83
固定資産税　35
コミュニティデザイン　48
コミュニティマネジメント
　46
コモンズ　47
コラボレーション　40
コロンブス，クリストファー
　101
コンセッション　85
コンバースモデル　26
コンピテンシー　195

サ　行

災害　177
災害対策基本法　177
災害文化　185
財団法人　31
財務諸表　31
在留外国人　112
サービスモデル　192
産業革命　104

シェア　9
シェアリング・エコノミー　9,
　54
時間消費型都市　98
事業規模　36
事業収支計画　36
事業主体　29
事業の破綻　33
事業の評価　33
資金収支　33
資金収支計画　36
事故災害　177
自己資金　31
地震　182
システム　189

索　　引　　199

システムモデル　192
次世代複合開発　83
自然災害　177
持続可能性　165
持続可能な開発目標　50, 142
持続可能な社会　49
失敗学　17
指定管理者制度　85
シティプロモーション　1
資本コスト　31
シミュレーション　24
社会全体を包括するメガスケールのシステム構築　87
社会的価値と経済的価値の両立　80
社団法人　31
収益　33
自由が丘（目黒区）　94
住環境　165
集客　17
従業員満足　2
収支計画　30, 36
重商主義　104
住生活基本法　153
住宅計画　127
住宅市場　71
住宅政策　153
重力モデル　25
需給モデル　27
縮充の時代　49
首都　102
取得価額　35
シュンペーター, J.　i, 38
商業施設　73
城塞　104
少子高齢化　67
譲渡所得税　35
情物一致　157
初期対応　182
初期投資　30
植民地化　101
助成金　32
所得税　35
暑熱対策　166

所有から共有へ個人資産から社会資産へ　87
所有権　12
人口減少　67
親水空間　110
新大陸　101

ストック型社会　154
スポーツソーシャライジング　90
スポーツ・ディスティネーション　90
スマートシティ　45

生活の豊かさの創造　80
正常性バイアス　180
政府開発援助　187
セットバック　102
セントラルパーク　103

創造階級　44
創造的な活動を行う人間中心の時代　80
相続税　35
外濠　110
ゾーニング条例（1916年）　102
ソフト防災　178
損益　33

タ　行

代官山（渋谷区）　92
賃借対照表　31
大衆　22
大都市圏　41
タクティカル・アーバニズム　94
立ち寄り行動　182
建物点検マニュアル　183
多変量解析　24
多民族国家　103
多様な価値観が共存する新しい文明の創造　80

丹下健三　107

地域イノベーションシステム政策　40
地域価値向上の事業性への再反映　82
地域活性化　50, 87
地域循環経済　87
地域防災　161
知識ベース　42
知のプラットフォーム　125
地方創生　1
中世都市　104
賃貸対照表　31

通過交通　147
津波　178
津波垂直型避難施設　111

定常時代　49
適切で創造的なプロジェクトマネジメントによる価値の最大化　82
電子商取引　98
伝統的建造物群保存地区　159

動産　155
塔状比　103
都市居住　115
都市公園　108
都市構造　145
都市交通動線　111
都市コモンズ　47
都市再生法　59
都市生活者　165
都市生活を提案する場　82
都市デザイン　113
都市の景観　102
都市ブランディング　1
都市プランニング　92
土地の高度利用　148

ナ 行

中町（世田谷区） *109*

賑わい *18*
日本創成会議 *93*
入場者数予測 *25*
ニューヘイヴン *107*
ニューヨーク *102*
任意団体 *30*
人間らしい生活の豊かさと楽しさの企画・提案・実行 *80*

ネオ・インフラストラクチャー空間 *110*
熱環境改善 *168*
ネットワーク・ガバナンス体系 *42*
ネットワーク都市 *43*

能動性 *114*

ハ 行

配当 *31*
パイプライン *41*
ハザード *177*
パーソナルモビリティ *136*
発生主義 *33*
ハード防災 *178*
ハブ *41*
ハフモデル *26*
パブリックフットパス *87*
バランスシート *31*
パリ *105*
バリアフリー *134*

東海岸地域 *101*
東日本大震災 *118, 179*
ビジネス，文化情報発信，さまざまな人の交流のプラットフォーム *83*

飛騨高山（岐阜） *159*
ヒートアイランド *166*
人々の新しいライフスタイルを創造・先導するインターフェイス *83*
避難行動 *178*
費用 *33*

ブータン *50*
物流施設 *75*
不動産市場 *68*
不動産至上主義 *102*
不動産投資市場 *68*
不動産の証券化 *32*
プノンペン市 *187*
プラットフォーム *164*
フランス革命 *105*
ブリコラージュ *119*
ブールバード空間 *106*
プログラム *191*
プロジェクト *191*
プロジェクト＆プログラムマネジメント理論 *190*
ブロードウェイミュージカル *103*

防災 *177*
防災意識 *179*
防災拠点 *182*
放射状街路 *106*
法人 *30*
ボザール様式 *102*
補助金 *32*
ホスピタリティビジネス *88*
ホテル施設 *75*
ポリス *19*
ポリセントリック広域都市圏 *43*

マ 行

槇文彦 *106*
街の持続的発展 *81*
摩天楼建築 *102*

マラッカ *168*
マンハッタン *101*
マンハッタン区 *103*
マンハッタン島 *101*

魅力係数 *27*
魅力的で個性的なパブリック空間 *90*
民間活力 *151*

メイス，ロナルド *134*
メタボリズム *106*

モータリゼーション *135*
モーダルシフト *147*
モデル *24*
モノセントリック *43*
モビリティ・レイヤー *87*

ヤ 行

ユニバーサルデザイン *134*
　観光の—— *140*

容積率 *148*

ラ 行

ライフスタイル *110*
ライリーモデル *26*

利害関係者 *29*
リージョナル・シェアリングエコノミー *87*
リスク *181*
利息 *32*
リビング・ラボ *44*
リンク *41*

ル・コルビュジェ *102*

レオナルド・ダ・ヴィンチ *107*
歴史的遺構 *110*

索　引　　　　　　　201

レン，クリストファー　*105*

ロゴ Q　*139*
ロジカル・シンキング　*20*
ロジックツリー　*20*

ロック・イン効果　*19*
ロンドン　*60, 104*
ロンドン再建計画案　*105*
ロンドン大火　*105*

ワ　行

ワークショップ　*118*
ワシントン，ジョージ　*101*

執筆者プロフィール

川口和英（かわぐち・かずひで）
教授・学部長／集客空間研究室（はじめに，第3章）
博士（工学）。早稲田大学大学院建設工学専攻修了。技術士（建設部門：都市及び地方計画）。三菱総合研究所，鎌倉女子大学准教授を経て2009年より現職。専門分野は集客空間論・都市計画・建築計画・住居学・社会資本論他。著書に『集客の科学』（技報堂出版）等多数。

明石達生（あかし・たつお）
教授／都市再生研究室（第15章）
博士（工学）。1984年東京大学工学部都市工学科卒業，国土交通省に入省。以来，主に都市計画，市街地再開発，建築行政，住宅行政の分野で国の政策立案や法改正等に携わる。東京大学で社会人大学院の創設に関わった後，2014年より現職。専門は都市の公共政策。

宇都正哲（うと・まさあき）
教授／不動産マネジメント研究室（第8章）
博士（工学）。東京大学大学院工学系研究科都市工学専攻博士課程修了。株式会社野村総合研究所の上席コンサルタントを経て，2016年より現職。専門は，不動産ビジネス，都市インフラ産業の新規事業戦略及び海外展開，人口減少問題等。

沖浦文彦（おきうら・ふみひこ）
教授／国際開発プロジェクト研究室（第19章）
大阪大学大学院環境工学専攻修了後，株式会社住信基礎研究所，独立行政法人国際協力機構にて勤務。千葉工業大学大学院マネジメント工学専攻にて博士（工学）取得。2019年4月より現職。専門はプログラムマネジメント。

川口英俊（かわぐち・ひでとし）
教授／空間デザイン研究室（第11章）
Yale University/School of Architecture M.A.（建築修士）。Emilio Ambasz & Associates NY 勤務を経て，株式会社アーキテクト・キューブ一級建築士事務所設立，代表取締役・一級建築士，2009年より現職。専門は建築・都市デザイン。

坂井　文（さかい・あや）
教授／エリアマネジメント研究室（第7章）
PhD（ロンドン大学），ランドスケープ修士（ハーバード大学）。北海道大学大学院工学研究院准教授を経て現職。専門は建築・都市計画。一級建築士。省庁・地方自治体等の都市計画，建築，地方創生等に関わる委員会に参加。著書に『英国CABEと建築デザイン・都市景観』（共著,鹿島出版会）等。

永江総宜（ながえ・のぶよし）
教授／まちづくり経営研究室（第4章）
経営学修士，修士（国際経済法学）。横浜国立大学大学院修了。三菱総合研究所，会計事務所勤務を経て，淑徳大学教授を歴任。自治体の事業運営や地域開発プロジェクト等に関わる会計実務や事業性評価等を担当。

山根　格（やまね・ただし）
教授／プロジェクトマネジメント研究室（第9章）
京都大学大学院建築学専攻修了。日建設計設計室長を経て ydd 代表取締役。日本・台湾・中国等において，複合建築都市開発，ホテル等の設計，企画，プロジェクトマネジメント，コンサルティング業務を行う。

北見幸一（きたみ・こういち）
准教授／マーケティング研究室（第1章）
博士（経営学）。北海道大学准教授，株式会社電通パブリックリレーションズ部長を経て，2017年より現職。専門は経営学，マーケティング，ブランド戦略，広報戦略。社会情報大学院大学・客員教授。

斉藤　圭（さいとう・けい）
准教授／環境プランニング研究室（第17章）
博士（工学）。芝浦工業大学大学院博士後期課程修了。日本学術振興会特別研究員 DC2, 同 PD, マレーシア工科大学建築都市環境学部上級講師を経て，2017年より現職。専門は都市環境デザイン，アジア・都市環境解析。

坂倉杏介（さかくら・きょうすけ）
准教授／コミュニティマネジメント研究室（第6章）
博士（政策・メディア）。慶應義塾大学大学院後期博士課程単位取得退学。専門はコミュニティマネジメント。多様な主体の相互作用によってつながりと活動が生まれる「協働プラットフォーム」という視点からコミュニティ形成手法を実践的に研究している。

信太洋行（しだ・ひろゆき）
准教授／住宅生産研究室（第16章）
博士（工学）。武蔵工業大学大学院工学研究科建築学専攻修士課程修了，新日軽株式会社（現・株式会社 LIXIL），東京大学生産技術研究所助教を経て，2013年より現職。専門は建築構法，外皮設計，設備システム開発。

髙栁英明（たかやなぎ・ひであき）
准教授／インテリアプランニング研究室（第13章）
博士（工学）。株式会社博報堂，株式会社フレックスリンク取締役，滋賀県立大学准教授を経て，2016年より現職。専門は建築デザイン，インテリアプランニング，人間行動学。株式会社髙栁英明建築研究所主宰。

西山敏樹（にしやま・としき）
准教授／ユニバーサルデザイン研究室（第14章）
博士（政策・メディア）。慶應義塾大学大学院政策・メディア研究科後期博士課程修了。慶應義塾大学大学院システムデザイン・マネジメント研究科特任教授，医学部特任准教授等を経て現職。専門はユニバーサルデザイン，アーバンモビリティ，社会調査等。

諌川輝之（いさがわ・てるゆき）
講師／都市安全環境研究室（第18章）
博士（工学）。東京工業大学大学院総合理工学研究科博士課程修了。東京工業大学研究員，日本学術振興会特別研究員（東京大学）等を経て，2017年より現職。専門は環境心理行動学，地域防災，都市・建築計画。

林　和眞（イム・ファジン）
講師／都市イノベーション研究室（第5章）
博士（工学）。東京大学大学院修了。国立環境研究所特別研究員，韓国科学技術院上級研究員を経て，2016年より現職。専門は都市・地域計画，空間政策とデータ科学を組み合わせた幅広い研究。

末繁雄一（すえしげ・ゆういち）
講師／都市プランニング研究室（第10章）
博士（工学）。熊本大学大学院博士後期課程修了。専門は，都市計画，VR/AR 活用によるまちづくり支援技術，アクティビティスケープ。東京都目黒区自由が丘地区，世田谷区尾山台地区等，複数地域のまちづくりに参画。

中島　伸（なかじま・しん）
講師／都市空間生成研究室（第12章）
博士（工学）。東京大学大学院工学系研究科都市工学専攻助教を経て，2017年より現職。専門は都市デザイン，都市計画史，公民学連携のまちづくり。アーバンデザインセンター坂井副センター長を兼任。

橋本倫明（はしもと・のりあき）
講師／経営戦略研究室（第2章）
博士（商学）（慶應義塾大学）。あずさ監査法人，慶應義塾大学商学部助教を経て，2017年より現職。専門は経営学，組織の経済学。著書に『ダイナミック・ケイパビリティの戦略経営論』（共著，中央経済社）ほか。

都市イノベーション
—都市生活学の視点—

定価はカバーに表示

2019 年 12 月 1 日　初版第 1 刷
2020 年 5 月 20 日　　　第 2 刷

編集者　東 京 都 市 大 学
　　　　都 市 生 活 学 部

発行者　朝 倉 誠 造

発行所　株式会社 朝 倉 書 店
　　　　東京都新宿区新小川町 6-29
　　　　郵 便 番 号　162-8707
　　　　電　話　03（3260）0141
　　　　FAX　03（3260）0180
　　　　http://www.asakura.co.jp

〈検印省略〉

© 2019〈無断複写・転載を禁ず〉

新日本印刷・渡辺製本

ISBN 978-4-254-50032-5　C 3030　　　　Printed in Japan

JCOPY ＜出版者著作権管理機構 委託出版物＞
本書の無断複写は著作権法上での例外を除き禁じられています．複写される場合は，
そのつど事前に，出版者著作権管理機構（電話 03-5244-5088，FAX 03-5244-5089，
e-mail: info@jcopy.or.jp）の許諾を得てください．

東大 貞広幸雄・中央大 山田育穂・建築研究所 石井儀光編

空 間 解 析 入 門
―都市を測る・都市がわかる―

16356-8 C3025　　　　　B 5 判 184頁 本体3900円

基礎理論と活用例〔内容〕解析の第一歩(データの可視化，集計単位変換ほか)／解析から計画へ(人口推計，空間補間・相関ほか)／ネットワークの世界(最短経路，配送計画ほか)／さらに広い世界へ(スペース・シンタックス，形態解析ほか)

首都大 菊地俊夫・立教大 松村公明編著

よくわかる観光学3

文 化 ツ ー リ ズ ム 学

16649-1 C3326　　　　　A 5 判 196頁 本体2800円

地域における文化資源の保全と適正利用の観点から，文化ツーリズムを体系的に解説。〔内容〕文化ツーリズムとは／文化ツーリズム学と諸領域(地理学・社会学・建築・都市計画等)／様々な観光(ヘリテージツーリズム，聖地巡礼等)／他

豊橋技科大 大貝　彰・豊橋技科大 宮田　譲・
阪大 青木伸一編著

都 市・地 域・環 境 概 論
―持続可能な社会の創造に向けて―

26165-3 C3051　　　　　A 5 判 224頁 本体3200円

安全・安心な地域形成，低炭素社会の実現，地域活性化，生活サービス再編など，国土づくり・地域づくり・都市づくりが抱える課題は多様である。それらに対する方策のあるべき方向性，技術者が対処すべき課題を平易に解説するテキスト。

神戸芸工大 西村幸夫編著

ま ち づ く り 学
―アイディアから実現までのプロセス―

26632-0 C3052　　　　　B 5 判 128頁 本体2900円

単なる概念・事例の紹介ではなく，住民の視点に立ったモデルやプロセスを提示。〔内容〕まちづくりとは何か／枠組みと技法／まちづくり諸活動／まちづくり支援／公平性と透明性／行政・住民・専門家／マネジメント技法／サポートシステム

日本都市計画学会編

60プロジェクト に よ む 日本の都市づくり

26638-2 C3052　　　　　B 5 判 240頁 本体4300円

日本の都市づくり60年の歴史を戦後60年の歴史と重ねながら，その時々にどのような都市を構想し何を実現してきたかについて，60の主要プロジェクトを通して骨太に確認・評価しつつ，新たな時代に入ったこれからの都市づくりを展望する。

名大 宮脇　勝著

ランドスケープと都市デザイン
―風景計画のこれから―

26641-2 C3052　　　　　B 5 判 152頁 本体3200円

ランドスケープは人々が感じる場所のイメージであり，住み，訪れる場所すべてを対象とする。考え方，景観法などの制度，問題を国内外の事例を通して解説〔内容〕ランドスケープとは何か／特性と知覚／風景計画／都市デザイン／制度と課題

堀田祐三子・近藤民代・阪東美智子編

これからの住まいとまち
―住む力をいかす地域生活空間の創造―

26643-6 C3052　　　　　A 5 判 184頁 本体3200円

住宅計画・地域計画を，「住む」という意識に基づいた維持管理を実践する「住む力」という観点から捉えなおす。人の繋がり，地域の力の再生，どこに住むか，などのテーマを，震災復興や再開発などさまざまな事例を用いて解説。

神戸芸工大 西村幸夫・工学院大 野澤　康編

ま ち を 読 み 解 く
―景観・歴史・地域づくり―

26646-7 C3052　　　　　B 5 判 160頁 本体3200円

国内29カ所の特色ある地域を選び，その歴史，地形，生活などから，いかにしてそのまちを読み解くかを具体的に解説。地域づくりの調査実践における必携の書。〔内容〕大野村／釜石／大宮氷川参道／神楽坂／京浜臨海部／鞆の浦／佐賀市／他

萩島 哲編著　太記祐一・黒瀬重幸・大貝　彰・
日高圭一郎・鵤　心治・三島伸雄・佐藤誠治他著
シリーズ〈建築工学〉7

都 市 計 画

26877-5 C3352　　　　　B 5 判 152頁 本体3200円

わかりやすく解説した教科書。〔内容〕近代・現代の都市計画・都市デザイン／都市のフィジカルプラン・都市計画マスタープラン／まちづくり／都市の交通と環境／文化と景観／都市の環境計画と緑地・オープンスペース計画／歩行者空間／他

都市大 小林茂雄・千葉工大 望月悦子・明大 上野佳奈子・
神大 安田洋介・東京理科大 朝倉　巧著
シリーズ〈建築工学〉8

光 と 音 の 建 築 環 境 工 学

26879-9 C3352　　　　　B 5 判 168頁 本体3200円

建築の光環境と音環境を具体例豊富に解説。心理学・物理学的側面から計画までカバー。〔内容〕光と視野／光の測定／色彩／光源と照明方式／照明計画と照明制御／光環境計画／音と聴覚／吸音／室内音響／遮音／騒音・振動／音環境計画

上記価格（税別）は 2020 年 4 月現在